Pierre-Joseph de Clorivière, S.J.

TANKAR OM YTTRE OCH INRE BÖN

Fader Clorivière i dödsstunden försänkt i bön framför sakramentet (ur J. Terrien: *Hiſtoire du R.P. de Clorivière de la Compagnie de Jésus,* Imprimerie Devalois, 1891).

Svenska Katolska Akademiens Handlingar nr 6

Acta Academiae Catholicae Suecanae VI

Pierre-Joseph Picot de Clorivière, S.J.

TANKAR OM YTTRE OCH INRE BÖN

översättning från franska språket

av Ingela och Erik Persson

Vinjetten på titelsidan är hämtad från M. P. D. C. A. J. (pseudonym för Pierre-Joseph de Clorivière): *Explication des Épitres de Saint-Pierre,* Librairie de la Société typographique, 1809

Denna utgåva skiljer sig från den inbundna med avseende på format och paginering.

Förlag och tryck: BoD
ISBN: 978-91-7463-413-6

Innehållsförteckning

Introduktion (av Erik Persson)

Fader Pierre-Joseph Picot de Clorivières lilla och till synes anspråkslösa, men ändå så innehållsdigra skrift *Considérations sur l'exercice de la prière et de l'oraison,* "Tankar om yttre och inre bön", tarvar i sig knappast någon omfattande introduktion, utan tål gott att tala för sig själv.[1] Ehuru dess spridning säkert inte varit synnerligen omfattande utanför jesuitorden, till vars franska grens förgrundsgestalter fader Clorivière måste räknas (mera därom nedan), och de av honom själv grundade Jesu och Marie hjärtasällskapen, utgör den otvivelaktigt en av den katolska spiritualitetens pärlor, vilket också bidragit till att den tryckts i ett antal upplagor och översatts från franskan till några av de andra stora kulturspråken (engelska, italienska, holländska).[2] Verket har ofta prisats för sin klarhet och pregnans, men dess skenbara enkelhet vilar på en ingalunda ringa lärdom och beläsenhet i den omfattande andliga litteratur som producerades i karmelit- och i jesuitmiljöerna.[3] I själ-

---

[1] Den nyaste och bästa utgåvan, som också ligger till grund för föreliggande översättning, är P. de Clorivière (utg. A. Rayez, S.J): *Considérations sur l'exercice de la prière et de l'oraison,* Collection Christus, N° 7, Desclée de Brouwer, 1961. Av värde är också P.-J. Picot de Clorivière (utg. J. V. Bainvel): *Considérations sur l'exercice de la prière et de l'oraison,* Gabriel Beauchesne, Éditeur, 1928 och P. Monier-Vinard, S.J. (utg.): *Pierre de Clorivière de la Compagnie de Jésus (1735-1820) d'après ses notes intimes de 1763-1773,* Tome II, Éditions Spes, 1935, ss. 101-274. De äldre utgåvorna från 1802, 1858 och 1887 är idag att betrakta som "introuvables".

[2] Den enda av dessa översättningar som anlitats under detta arbete är P.-J. Picot de Clorivière: *The Paths of Prayer: A Clear Portrayal of the Various Kinds of Active and Passive Prayer,* Comet Press, 1958. Om denna översättning kan sägas att den trots många förtjänster ofta kan tyckas litet väl fri.

[3] En ganska grundlig översikt över dessa föregångare återfinns i introduktionen till fader Rayez' utgåva, och i anmärkningarna i detta verk finns talrika referenser till dem. Se också M. Touvet: *Comme une source à travers le feu avec Pierre-Joseph de Clorivière: Un courant spirituel traverse les révolutions,* C.L.D., 1990, s. 85ff. och D. Bertrand: *Un maître d'oraison entre le XVIIIᵉ et le XIXᵉ siècle,* i *Un fondateur dans la tourmente révolutionnaire: Pierre de Clorivière*

va verket kan man förstå Clorivières skrift som en i och för sig högst värdefull syntes av traditionerna från de stora spanska helgonen Teresa av Avila, Johannes av Korset och Ignatius av Loyola och deras många, främst franska efterföljare som t.ex. jesuiterna Louis Lallement, Jean Rigoleuc, Jean-Joseph Surin, Jean Crasset, Vincent Huby och Jean-Pierre Caussade. Men trots detta utgör skriften inte en lärd studie eller uppvisning, utan en praktiskt inriktad andlig vägledning som i allt väsentligt bygger på fader Clorivières egna erfarenheter inom det andliga livet, såväl som biktfader och andlig vägledare som bedjare och mystiker.

Att verkets innehåll, inklusive de avslutande avsnitten om *unio mystica* och det andliga äktenskapet, är baserade på författarens egna erfarenheter bidrar givetvis till att ge hans synpunkter ett särskilt djup och värde. Hans undervisning om de faror som en mystik grundad på en traktan efter exotiska upplevelser eller upphöjda själstillstånd innebär manar till särskild eftertanke i vår av alla slags andliga urspårningar så hemsökta tid, då även människans ädlaste andliga impulser ofta slutar i en rundvandring i upplevelseindustrins och "new age"-spiritualitetens "lustiga hus", där efemära och ytliga "upplevelser" blir det allt överskuggande målet. Om något betonar fader Clorivière att bönen alltid skall vara **praktisk**, varmed han vill säga att bönen alltid skall vara inriktad på vår sedliga förbättring, att förkovra oss i dygderna och bekämpa våra laster. Ett böneliv som inte får praktiska konsekvenser i den dagliga kampen mot synden och lasterna är alltid misstänkt om än det ackompanjeras av en myckenhet angenäma känslor och storartade upplevelser. Sådana är tvärtom ofta nog demonens bländverk, en varning som

---

(1735-1820). *Colloque du Centre Sèvres (22-23 nov. 1985)*. *Actes du Colloque public en l'honneur du 250ᵉ anniversaire de la naissance du P. de Clorivière organisé par les Filles du Cœur de Marie, l'Institut du Cœur de Jésus (Groupes Évangile et Mission) et les Facultés du Centre Sèvres*, Christus, Nr. 131 hors série, Assas-Éditions, 1986, s. 135ff.

Clorivière ofta upprepar. Stor vikt lägger också Clorivière vid ödmjukhetens dygd som ett utryck för den sig helgande människans insikt i sin egen stora moraliska och andliga skröplighet och allt överskuggande önskan att behaga Gud, och han betonar som så många andra av det andliga livets mästare med stor skärpa behovet av en andlig vägledare, en biktfader, vars råd och insikter den enskilde ödmjukt och villigt bör underkasta sig. Att det andliga högmodet är bland de främsta faror som lurar på den som kommit en bit på vägen i det andliga livet, är något som Clorivière liksom så många andra av det andliga livets mästare gång på gång påminner oss om.

Hur kom det sig då att fader Clorivière författade sin bok om bönen? Härom ger han oss själv besked i sitt förord: Det var på förfrågan från eremiterna på Mont-Valérien i Paris, vilkas biktfader han var, som han 1778 skrev denna som en handledning i det andliga livet åt dem. Dessa eremiter bestod av fromma lekmän som på Mont-Valériens från Paris' larm avskiljda höjder levde ett liv i sträng botgöring, i största enkelhet och under hårt arbete. De åt endast grönsaker, arbetade främst med jordbruk, vinodling och annat kroppsarbete, undvek nästan helt att samtala och levde i enkla celler, var och en för sig. I ett litet kapell åhörde de mässan och läste tidegärden. På grund av diverse omständigheter, varibland den väl främsta var att fader Clorivière 1779 lämnade Paris för att bli kyrkoherde i Paramé, inte långt från hans födelseort Saint-Malo, kom den inte att tryckas förrän 1802.

Vem skall då läsa denna bok? För präster och ordensfolk, som vill förkovra sig i det andliga livet och även kunna ge kvalificerad vägledning till andra härom, utgör den utan tvekan en verklig guldgruva. Dess enkelhet, rättframhet och frihet från tyngande lärda utläggningar gör den också särskilt lämpad för alla kristtrogna som tar sin tro på allvar och därför vill fördjupa sitt böneliv och skrida framåt på helgelsens långa och ofta slingriga och törneströdda stig. Det är i själva verket svårt att se hur någon som önskar komma närmare Gud skulle kunna undgå att dra nytta av den oskattbara vägledning och de många insiktsfulla råd om det andliga livet som här ges på så gott som varenda sida. Ja, om man vill ta denna bok som vägvisare i sitt böneliv, torde man vilja läsa den inte endast en gång, utan gång på gång för att finna ny näring och hjälp allteftersom man på vägen hem till Gud möter nya vägskäl och vindlande passager.

1. Vem var Pierre de Clorivière?

Eftersom Pierre de Clorivière utgör en i Sverige så gott som helt okänd gestalt, kan det vara på sin plats att här något befatta sig med hans dramatiska och intressanta levnadsöde och inte helt ringa historiska betydelse.[4] Den läsare som så önskar kan

---

[4] Det finns en rad mer eller mindre lättåtkomliga biografier om fader Clorivière. Den mest uttömmande är J. Terrien: *Histoire du R.P. de Clorivière de la Compagnie de Jésus,* Imprimerie Devalois 1891, som utkommit i ett par till omfattningen något skiftande utgåvor. De skrifter som postulatorn R.P. Ory författade i slutet av 1800-talet är också av vikt, men bygger huvudsakligen på Terriens forskning, t.ex. R.P. Ory: *Pierre-Joseph de Clorivière: Extrait des articles pour le Procès Informatif sur la Réputation de Sainteté et de Vertus du Serviteur de Dieu,* s.a. (omkring 1898?), som också finns i engelsk översättning R.P. Ory: *Pierre-Joseph de Clorivière: Extracts from the Articles for the «Proces informatif» on the Reputation of the Servant of God for Sanctity and Virtue,* Jules de Meester and Sons, s.a. (omkr. 1900?). Omfattande och dessutom rikt illustrerad är även M.-E. F. de Bellevüe: *Le père de Clorivière et sa mission 1735-1820,* Imprimerie De Meester, 1933. En nyare, solid biografi, författad av Clorivières vicepostulator, är F. Morlot: *P de Clorivière 1735-1820,* Desclée de Brouwer, 1990. Andra biografiska verk som anlitats är s.n.: *La Vie du R. P. Pierre-Joseph Picot de Clorivière, Religieux de la Compagnie de Jésus,* Imprimerie de Mme Vᵉ Refay, s.a. (omkr. 1820-30), J. Sternaux: *Sturmflut und Wetterleuchten P. de Clorivière S.J.: Ein Jesuitenleben aus bewegter Zeit,* Felizian Rauch, 1927, A. Rayez, L. Fèvre: *Foi chrétienne et vie consacrée: Clorivière aujourd'hui. I - Le fondateur et le maître spirituel,* Beauchesne, 1971, M. de Bazelaire: *Father Peter Joseph de Clorivière S.J. (1735-1820),* Daughters of the Heart of Mary, 1982 och C. Reynier: *Pierre-Joseph de Clorivière. Un maître spirituel pour aujourd'hui,* Parole et Silence, 2001. Mycket användbart för fader Clorivières liv fram till 1773 är också detta urval av hans privata anteckningar: P. Monier-Vinard, S.J. (utg.): *Pierre de Clorivière de la Compagnie de Jésus (1735-1820) d'après ses notes intimes de 1763-1773,* Tome I-II, Éditions

utan att tveka hoppa över detta ganska omfattande biografiska avsnitt, som är helt fristående från det översatta verket och med fördel kan läsas i efterhand eller närhelst man så vill, och gå direkt till s. 83, där fader Clorivières egen framställning börjar.

Pierre-Joseph Picot de Clorivière föddes den 29 juni 1735 i Saint-Malo som ättelägg av en gammal katolsk adelsätt Picot från Bretagne, vars anor låter sig spåras tillbaka till 1400-talet.[5] Han hade fyra syskon, en äldre broder Michel-Alain och tre systrar, nämligen Marie, som dog vid två års ålder, Thérèse, som blev nunna inom den av Frans av Sales och Jeanne de Chantal 1610 grundade visitantinneorden, och Jeanne-Rose, som förmälde sig med godsägaren Marc Désilles de Cambernon, ägare till Château de la Fosse Hingant i Bretagne. Han blev tidigt föräldralös: Fadern Michel-Alain Picot avled när han var fem år gammal och modern Thérèse, född Trublet de Nermont, när han var åtta, varefter hans uppfostran anförtroddes åt släktingar. Kanske dessa tidiga sorger bidrog till att han drabbades av en viss blyghet, vilken inte blev mindre av en svårartad stamning som han kom att kämpa emot under hela sitt liv. Tillsammans med sin knappt ett år äldre broder Michel-Alain skickades han vid fjorton års ålder för läroverksstudier till en skola i Douai, vilken drevs av landsfördrivna engelska benediktiner, något som tidigt gjorde honom förtrogen med det

---

Spes, 1935, som också finns översatt till italienska som P.-J. de Clorivière: *L'esperienza di Dio*, città nuova, 1996, vari ingår en omfattande introduktion och en bibliografi av Antonio Spadaro, S.J, vilken i viss mån kompletterar den mer uttömmande bibliografien i *Recherches autour de Pierre de Clorivière. Actes de colloque public des 18 et 19 octobre 1991 (Paris, 39, rue Notre-Dame des Champs)*, S.I.P.S., 1993 ss. 209-257. En kortare kommenterad bibliografi återfinns i Rayez/Fèvre a.a. ss. 45-50.

[5] I *Au cœur du monde: Pierre de Clorivière et ses fondations*, La tradition vivante, Éditions C.I.F., 1985 återges en teckning av fader Clorivières präktiga födelsehus. I detta häfte finns också en rad andra intressanta illustrationer med relevans för fader Clorivières liv och kretsar. Se också Bellevüe a.a. s. 17.

engelska språket, på vilket han sedermera också kom att författa en del skrifter.

Efter skolgången arbetade han en kortare tid på ett skepp och besökte bl.a. Cadiz, varefter han försökte få en tjänst vid ett köpmanshus. Då detta inte utföll som tänkt, begav han sig istället 1754 till Paris, där han bosatte sig i närheten av en släkting, Mme. de Nermont, och påbörjade studier i juridik. Han fick här som biktfader den fromme abbé Grisel, som var "grand pénitencier" för Paris och en varm förespråkare av devotionen till Jesu heliga hjärta. På dennes inrådan deltog han i sitt tjugonde år i en reträtt, vilken ledde honom till en fullständig omvändelse och i honom väckte en stor kärlek till kommunionen och till den mentala bönen. I samband med en andra reträtt fick han en helig ingivelse att bli präst, en tanke som också vann hans biktfaders varma gillande och stöd.

I Saint Germain i Paris låg på rue du Pot-de-Fer, samma gata som Mme. Nermont var bosatt vid, ett större byggnadskomplex för jesuiternas noviser med tillhörande kyrka, dit den unge Clorivière begav sig för att bedja. En dag i februari 1756 då han gick ut ur kyrkan tilltalades han av en okänd, mycket ärbart klädd dam som pekade på novitiatets huvudbyggnad och sade: "Det är dit Gud kallar er." Han tänkte mycket på detta och bad innerligt, men tvekade då hans svåra stamning gjorde honom föga skickad för en bana som jesuit, till vars sedvanliga huvuduppgifter hörde predikan och undervisning. Då saken upprepade sig efter några dagar, tog han upp händelsen med sin biktfader, som rekommenderade honom att fästa avseende vid rådet, om det upprepades ytterligare en gång. Så skedde och kvinnan framförde för tredje gången samma uppmaning. När Clorivière efter att ha tänkt något, vände sig om mot kvinnan för att ställa en följdfråga var hon borta och gatan var tom.[6]

---

[6] I en del biografier återges en version av berättelsen där det endast är fråga om en uppenbarelse. Vi följer här ett av de tidigaste tryckta vittnesmålen,

Som en följd härav kom Clorivière att allt framgent tillskriva den Heliga Jungfrun äran av sin kallelse. Efter att ha utverkat sin biktfaders medgivande inträdde den unge Pierre-Joseph den 14 augusti samma år som novis i Societas Jesu.

Redan som novis utmärkte sig Clorivière för sin stora fromhet, självförsakelse och innerlighet samt för sina snabba framsteg i dygderna och i det andliga livet, något som villigt erkändes av hans novisbröder, med många av vilka han knöt vänskapsband för livet. Hans andliga utveckling kan följas i hans omfattande privata anteckningar[7] och delvis även i hans korrespondens[8],

---

nämligen s.n.: *La Vie du R. P. Pierre-Joseph Picot de Clorivière, Religieux de la Compagnie de Jésus,* Imprimerie de Mme Ve Refay, s.a. ss. 3-4. Jfr också Monier-Vinard a.a. I s. 43f. I A. Rayez, S.J.: *Dévotion et mystique mariales du Père de Clorivière,* i H. du Manoir, S.J. (utg.): *Maria: Études sur la Sainte Vierge,* Tome III, Beauchesne et ses fils, 1954, ss. 307-328 behandlas fader Clorivières mariologi mera utförligt. Textsamlingar som belyser hans stora hängivenhet för Guds moder är P. de Clorivière (utg. J. Lebreton S.J.): *"Voilà Votre Mère". Extraits des œuvres du P. de Clorivière,* 2e édition, Casterman, 1936, P. de Clorivière (utg. A. Rayez): *Vie intérieure de la Vierge. Les quinze mystères du rosaire,* Éditions de l'Orante, 1954.

[7] Monier-Vinard a.a.

[8] P. de Clorivière (utg. P. de Hérouville): *Lettres du P. de Clorivière 1787-1814,* Tome I-II, Durassié et Cie, Éditeurs, 1948, P.-J. de Clorivière (utg. F. Morlot): *Lettres aux membres de sa famille, de la Société du Cœur de Jésus et à diverses personnes,* Éditions Fates, 1994, P.-J. de Clorivière, A. de Cicé (utg. M.-L. Barthélemy): *Correspondance 1787-1804,* Beauchesne, 1993, P.-J. de Clorivière, A. de Cicé (utg. M.-L. Barthélemy): *Lettres de prison 1804-1806,* Beauchesne, 1997, C. Reynier (utg.): *La correspondance de Pierre-Joseph de Clorivière, S.J. à Charles Fleury, S.J. de 1759 à 1815,* Archivum historicum Societatis Jesu, Vol. LXI, 1992, ss. 91-170, C. Reynier (utg.): *La correspondance de P.-J. de Clorivière avec T. Brzozowski de 1814 à 1818,* Archivum historicum Societatis Jesu, Vol. LXIV, 1995, s. 83-167, A. Rayez (utg.): *Un inédit du Père de Clorivière: Lettre à une personne tourmentée en beaucoup de tentations,* Révue d'ascétique et de mystique, Vol. 25, 1949, ss. 465-491 och F. Morlot: *La Secularité de l'Institut Seculier des Prêtres du Cœur de Jésus,* Tome II, Pontifica Universitas Gregoriana, Facultas Juris Canonici, Éditions Imprimerie La Renaissance Troyes, 1972, s. 581ff. Det finns också ett urval av brev i engelsk översättning: P. de Clorivière: *Letters of Father de Clorivière,* The

vilka bäggedera till stora delar finns bevarade, främst i jesuiternas arkiv i Vanves.[9] Merparten härav har idag även utgivits i tryckt form. Då efter två år novistiden löpte ut, avgav Clorivière sina löften om fattigdom, kyskhet och lydnad den 17/8 1758, varefter han påbörjade ett års studier i filosofi vid Collège Louis-le-Grand i Paris, en tid som blev en svår prövning för honom, då hans stamning inverkade högst menligt på hans deltagande i de disputationer som på den här tiden utgjorde en väsentlig del av utbildningen.

Society of the Daughters of the Heart of Mary, 1953 och ytterligare ett i italiensk översättning P. G. de Clorivière: *Lettere di Pietro Giuseppe de Clorivière a Adelaide de Cicé*, Edizioni AdP, 2007. Enligt C. Reynier: *Prier 15 jours avec Pierre-Joseph de Clorivière, jésuite sous la Révolution*, Nouvelle Cité, 2013 p. 19 skall det finnas en tredje volym korrespondens mellan Clorivière och Adelaïde de Cicé utgiven av Marie-Louise Barthélemny , P.-J. de Clorivière, A. de Cicé (utg. M.-L. Barthélemy): *Correspondance 1806-1809*, Cicé Entraide, 2002, vilken dock inte saluförs i bokhandeln och såvitt jag kunnat utröna inte finns tillgänglig i Bibliothèque nationale de France eller något annat välkänt forskningsbibliotek.

[9] Fader Clorivières spiritualitet behandlas i bl.a. Rayez a.a. 1954, H. Monier-Vinard: *La mystique du P. de Clorivière*, Révue d'ascétique et de mystique, Vol. 17, 1936, ss. 147-168, 225-242 och M. Olphe-Gaillard, S. J.: *La « nuit du sens », d'après le P. De Clorivière*, Études Carmélitaines, 22ᵉ année, Vol. II, Octobre 1937, ss. 230-236. Av fader Clorivières andliga skriftställarskap finns förutom hans bok om bönen utgivet en hel del, bl.a. i Monier-Vinards ovan refererade utgåva av fader Clorivières "notes intimes", i de i fotnot 6 refererade mariologiska skrifterna, de i fotnot 10 refererade ignatianska exercitierna samt R. P. de Clorivière: *Méditations sur la Passion, l'Eucharistie, le Sacré-Cœur*, Libraire Mignard, 1924. På senare tid har dessutom prof. Chantal Reynier som småskrifter utgivit några tematiskt ordnade texturval: P.-J. de Clorivière (utg. C. Reynier): *Et Il a habité parmi nous*, Parole et Silence, 2000, P.-J. de Clorivière (utg. C. Reynier): *La Passion et la Résurrection*, Parole et Silence, 2000, P.-J. de Clorivière (utg. C. Reynier): *La Pentecôte du Seigneur*, Parole et Silence, 2002, P.-J. de Clorivière (utg. C. Reynier): *Profil spirituel du chrétien*, Parole et Silence, 2004, P.-J. de Clorivière (utg. C. Reynier): *Une pensée par jour*, Médiaspaul, 2012 samt C. Reynier: *Prier 15 jours avec Pierre-Joseph de Clorivière, jésuite sous la Révolution*, Nouvelle Cité, 2013. På holländska föreligger antologien P. de Clorivière (utg. P. Penning de Vries): *Bloemlezing en inleiding*, Uitgeverij B. Gottmer/Uitgeverij Emmaus, 1979.

Därefter skickades han till ett ganska obetydligt jesuitkollegium i Compiègne för att undervisa i poesi och litteratur. Clorivière hade en betydande fallenhet för dessa ämnen och komponerade själv dikter, sånger och även ett och annat drama förutom ett stort antal skrifter i olika genrer. Trots sina stamningsproblem, som delvis minskades p.g.a. kollegiets och klassernas litenhet - antalet lärare inskränkte sig till endast tre -, fann han sig väl tillrätta, men tvangs lämna denna post 1762, då jesuiterna som en följd av den våldsamma hetspropagandan mot dem från bl.a. de radikala upplysningscirklarna och jansenisterna förbjöds och fördrevs från Frankrike av parlamenten i Paris, Rouen o.s.v.

Clorivière begav sig då istället till Lille i Flandern och strax därefter vidare till Douai och slutligen till Liège, där han påbörjade sina i studier teologi vid stadens engelska jesuitkollegium, studier som skulle pågå under fyra års tid 1762-66. I samband härmed överflyttades han också från den franska till den engelska provinsen av jesuitorden, vilken hade sina utbildningsanstalter i Belgien och Flandern.

Tiden närmade sig nu för Clorivières slutgiltiga löften och prästvigning, men hans överordnade tvekade att tillstyrka hans prästvigning p.g.a. hans svårartade stamning. Clorivière lät sig dock inte nedslås av detta, utan tog sin tillflykt till sin mäktiga Beskyddarinna och utverkade tillstånd att tillsammans med ett par ordensbröder bege sig till den på sin tid välkända vallfartsorten Notre-Dame de Liesse i Picardie, berömd för många märkliga mirakel och sin madonnastaty. Väl framkommen utbad sig Clorivière med stor glöd och under många tårar om den Heliga Jungfruns hjälp.

Botad från sin stamning blev han nu inte, men när han återkom till Liège upptogs han utan vidare i det prästerliga ståndet och genomgick under ett par veckor i september-oktober 1763 vigningarna till subdiakon, diakon och präst. I Liège kom fader

Clorivière att särskilt ägna sig åt asketisk och mystisk teologi, och hans personliga anteckningar, bl.a. bestående av en "journal spirituel", ger en rik bild av hans böneliv, som främst inriktades mot den passiva bönen. Under denna tid började han också nära förhoppningar om att få bli missionär bland indianerna i Kanada, ett missionsområde som bland jesuiterna var känt för sina stora umbäranden, faror och försakelser. Flera gånger under sitt liv skulle fader Clorivière återuppliva dessa förhoppningar och också komma ganska nära att realisera dem, ehuru Försynen hade helt andra hjältedåd i förvar för honom.

Under fyra veckor försommaren 1766 genomgick fader Clorivière i Ghent jesuiternas stora reträtt, vilken så att säga utgör avslutningen och kulmen på jesuiternas omfattande studiegång och förkovring i det andliga livet. Under denna undfick han många mystiska nådebevis och Kristus själv lovade honom också att han i sinom tid skulle bota honom från hans stamning.

Under drygt ett års tid från juli 1766 till juli 1767 vistades han därefter på sina överordnades befallning i London. Här fick han först genomgå en tre månader lång behandling av en engelsk läkare som framgångsrikt lyckats kurera just stamning. Trots betydande initiala framsteg återkom dock stamningsproblemen snart igen. Enligt en källa bestod behandlingen mest av välmenande uppfordringar och talövningar med kiselstenar i munnen i Demosthenes' efterföljd.

I förorten Hammersmith fick fader Clorivière därefter sig anförtrott ledarskapet över en katolsk skola och dess bibliotek, men drabbades därvid av en livshotande feberinfektion som varade i inte mindre än sex månader. Under denna undfick han extraordinära ynnestbevis från Gud, vilka enligt honom själv skulle kunna ha fyllt en stor volym, om han hade valt att redogöra för dem i skrift. Bl.a. fick han då en föraning om de stora ting som Gud i framtiden skulle göra med honom själv som verktyg, däribland återupprättandet av Jesu sällskap i Frankrike. De som vakade över honom var på något undantag när benägna att tro att han mist förståndet eller hallucinerade, och först när han tillfrisknat insåg de att så inte varit fallet. Själv beskrev han det som att han hade genomgått en pånyttfödelse. Också hans stamning tycktes för en tid ha försvunnit, ehuru den snart återkom igen. Men den nedslog honom icke längre som den gjort tidigare, då den övertygelse om hans särskilda kallelse som hos honom tagit form under denna mystiska febersjukdom övervann modlösheten som tidigare ofta plågat honom.

Efter tillfrisknandet uppehöll han sig en kortare tid i London, men kallades snart till den engelska jesuitprovinsens noviciat i Ghent som *socius* till novismästaren därstädes, en position som han skulle upprätthålla 1767-1770. Han gick med stor energi in för sin uppgift att leda noviserna till ett heligt liv som människofiskare för Kristus och trots sin kamp mot den enerverande stamningen, vilken bl.a. tidvis tvingade honom att låta sina föreläsningar läsas upp av en novis, vann han snart sina lärjungars aktning, inte minst genom sin egen helighet och djupa insikter i det andliga livets hemligheter. Han anförtroddes också här ledningen av novisernas trettiodagarsrätt, för vilka stora delar av hans personliga anteckningar finns bevarade.[10]

År 1770 beordrades så fader Clorivière att bege sig till Bryssel för att där tjänstgöra som biktfader och andlig vägledare för de engelska benediktinernas nunnekloster Notre-Dame de l'Assomption, vid vilket han kom att stanna i inte mindre än fem år. Visserligen var det normalt inte tillåtet för en jesuitpräst att fungera som biktfader för kvinnliga ordnar, men då benedik-

---

[10] Dessa som är avfattade på engelska har utgivits i fransk översättning (R. P de Clorivière: *Les exercices de trente jours: Méditations,* Imprimerie J. Mersch, 1924), som i sin tur också översatts till tyska (R. P. de Clorivière: *Die dreissigtägigen Exerzitien,* Buchdruckerei Albert Bachhuber, 1931), men har paradoxalt nog aldrig utgivits på originalspråket.

tinnunnorna inte lyckats hitta någon engelskspråkig biktfader på annat håll, beslöt fader Clorivières överordnade att göra ett tillfälligt undantag från denna regel. Som alltid tog han sin uppgift på största allvar och gav sig med full energi i kast med att bekämpa de tendenser till slapphet och även till, måhända jansenistiskt inspirerad, ljumhet gentemot Altarets Heliga Sakrament och Guds Moder som han kunde förmärka bland nunnorna. Trots eller kanske snarare tack vare sitt stora kristliga nit och sin fordrande syn på hur framåtskridandet i det andliga livet mot fullkomligheten bör bedrivas vann han efter visst initialt motstånd sina biktbarns utomordentliga förtroende och varmaste tillit. På abbedissan Dame Ethel Manocks begäran författade han också en liten handbok för henne som sedermera trycktes under titeln *Des devoirs d'une supérieure*.

När fader Clorivière nått sitt 38:e levnadsår och 17 år förflutit sedan hans inträde i jesuitorden och han genomgått alla de inom orden övliga proven, var tiden inne för att han skulle avge sina slutgiltiga ordenslöften. Vid denna tid hade kampanjen mot jesuiterna nått något av ett klimax. Jesuiterna hade redan 1758 av den maktfullkomlige och machiavelliske markisen av Pombal fördrivits från Portugal, 1762-64 upplöstes orden i Frankrike och 1767 förbjöds den även i S:t Ignatius' eget hemland Spanien och därmed också i kungariket Neapel, som hörde under den spanska kronan, varefter de år 1768 drevs bort även från hertigdömet Parma. Påven Clemens XIII sattes under hårt tryck från olika håll att upplösa orden, men gav aldrig vika en tum. Sedan han avlidit och efterträtts av Clemens XIV 1769, trappades kampanjen upp ytterligare och den Helige Fadern fann till sist för gott att den 21 juli 1773 sätta sitt namn under bullan *Dominus ac Redemptor* som innebar jesuitordens dödsdom. Kungörelsen av beslutet dröjde dock, även om ryktet härom snabbt spred sig, och innan beslutet vann laga kraft, hann fader Clorivière som den siste franske jesuiten avlägga sina slutgiltiga fyra högtidliga löften om fattigdom, kyskhet, lydnad samt den särskilda lydnad mot påven när det gäller mission som är specifik för jesuitorden. Detta skedde vid de engelska jesuiternas kollegium i Liège på Marie Himmelsfärds dag den 15/8 1773, på den sjuttonde årsdagen av hans inträde i orden. Efterföljande dag, den 16/8, överlämnades bullan till jesuitordens general Lorenzo Ricci och skickades sedan vidare till alla berörda biskopar. Endast i Ryssland levde orden vidare under Katarina den storas särskilda beskydd.

Dessa stormar betydde nu inte så mycket för fader Clorivières faktiska ämbetsutövning, då den lokale biskopen snart förordnade honom som biktfader för benediktinernunnorna i Bryssel för ytterligare tre år. Under sin tid i Bryssel åstadkom han ett antal spektakulära omvändelser och underhöll även en omfattande korrespondens, främst med personer som sökte den fromme mannens råd i andliga och moraliska angelägenheter. Vid denna tid tjänstgjorde en person som sympatiserade med upplysningsmännens antiklerikala agitation som kejsarinnan Maria Theresias guvernör över österrikiska Nederländerna – redan hade den radikale och frimurarvänlige Josef II börjat överta regeringsmakten i kejsardömet Österrike. Några av Clorivières brev till en from dam av förnäm familj kom i guvernörens händer, vilket ledde till att han utsattes för dennes vrede, i det att guvernören under allehanda hotelser anklagade honom för fanatism och att oroa folks samveten. Fader Clorivière svarade milt, men obevekligt att vare sig fängelse, landsflykt eller döden kunde få honom att avsvärja sig sina principer, vilka hade sitt ursprung i Evangeliet själv. Den 15 september 1775 förbjöd myndigheterna fader Clorivière att utöva sitt ämbete, och trots hans protester och nunnornas böner befallde de honom den 18/9 att inom 24 timmar lämna benediktinernas kloster. Han beslöt sig då för att återvända till Frankrike och lämnade nunnorna, som djupt sörjde förlusten av sin helgonlike och kloke biktfader.

Under knappt ett år tjänstgjorde han därefter som biktfader vid benediktinerklostret i Jarcy, där han också sammanställde en skrift *Les excellences de Marie* till den Heliga Jungfruns ära, vilken dock inte kom att tryckas. Han började vid denna tid också arbeta på en översättning av Miltons *Paradise Lost* till fransk vers.

I september 1776 var han åter i Paris, där han fungerade som biktfader för ett antal olika kommuniteter, nämligen för visitantinnorna, vid vars kloster på rue du Bac hans syster Thérèse vistades som nunna, för karmeliterna i Saint-Denis, som då leddes av Thérèse de Saint-Augustin, även känd som Madame Louise de France, konungens syster och dotter till Ludvig den XV, vidare för det konvent som Magdalenanunnorna, i Frankrike kända som "Filles de la Madeleine", drev för synderskor som önskade göra bot och påbörja ett gudligt liv, samt för eremiterna vid Mont-Valérien, för vilka han ju skrev den nedan översatta traktaten om bönen och vars superior var ingen mindre än samme abbé Joseph Grisel som varit Clorivières egen biktfader när han kom till Paris i sin ungdom.

När nu hans stamning gjorde det svårt för honom att komma till sin rätt genom det talade ordet, valde fader Clorivière alltmer att försöka tjäna Gud genom sin penna, av vilken han gjorde desto skickligare bruk. Bl.a. påbörjade han vid denna tid en historik över karmelitorden i Frankrike tillägnad Madame Louise de France. Av denna finns ett omfattande, men oavslutat manuskript kvar, som i huvudsak behandlar den heliga Teresas levnadshistoria. Mycket av det som fader Clorivière skrev vid denna tid, bl.a. småskrifter om mariologiska och andra teologiska spörsmål och ett försvar av den saliga Maria av Agreda, finns bevarade i manuskript, varav delar långt senare utgivits av lärda filologer tillhörande Societas Jesu. En skrift av Clorivières penna från denna tid som verkligen trycktes 1779 är *Le Modèle des pasteurs, ou Précis de la vie de M. de Sernin, curé d'un village dans le diocèse de T****, i vilken avspeglas hans uppgörelse med den förflackning av prästidealet som kunde förmärkas genom upplysningsidéernas spridning i en del kyrkliga kretsar i Frankrike.[11] Clorivière blev tidigt uppmärksam på upplysningsfilosofernas och encyklopedisternas fördärvliga inflytande och ägnade sig också åt polemik och satir riktade mot dessa och deras klerikala beundrare, något som även denna bok ger prov på. Dessutom tecknas i den ett idealporträtt av en from och energisk församlingspräst, den fiktive M. de Sernin.

Det dröjde inte länge efter denna skrifts utgivande förrän fader Clorivière själv fick prova på församlingsprästens ämbete: Den 16 november 1779 tillträdde han på biskop des Laurents av Saint-Malo enträgna begäran kyrkoherdetjänsten i Paramé, en ort i närheten av hans födelsestad Saint-Malo och också nära boningsorten för hans äldre broder Michel-Alain som genom ett gott gifte förökat sin icke obetydliga förmögenhet och nu residerade som M. de Limoëlan på ett mindre slott som han genom förvärv blivit herre till. Paramé var för övrigt den ort ifrån vilken ätten Picot ursprungligen härstammade. Trots en viss inledande skepsis från vissa församlingsbor p.g.a. hans för åhörarna plågsamma stamning vann han snart allas respekt och hjärtan genom sin helgonlika och självuppoffrande kamp för deras andliga väl. Icke desto mindre förblev predikandet en svår prövning för honom och säkert också för många av hans församlingsbor, vilket föranledde honom att med alltmer stegrad iver anropa helgonens och särskilt den heliga Jungfruns och hennes moder S:ta Annas förböner. Så en söndagsmorgon efter det att han långt ut på natten ägnat sig åt att utbedja sig om befrielsen från stamningens gissel, vaknade han upp och kände hur bröstet kändes lättare - fader Clorivières och de av honom åkallade helgonens böner hade blivit hörda och det löfte vår Herre själv givit honom tretton år tidigare infriats och han

---

[11] En utförlig diskussion av detta verk återfinns i A. Rayez, L. Fèvre: *Foi chrétienne et vie consacrée: Clorivière aujourd'hui. II - Le Pasteur,* Beauchesne, 1973. Jfr också A. Rayez: *Un gentleman-farmer breton au XVIIIe siècle: Michel-Alain de Limoëlan (1734-1793),* Annales de Bretagne et des pays de l'Ouest, Vol. 83, No. 4, 1976, ss. 665-672.

kunde nu med lätthet framföra sin söndagspredikan! Alltifrån denna dag var han fullständigt befriad från sin stamning när han predikade och förrättade sina andra fromma åligganden, medan hans tal i vanlig konversation märkligt nog förblev som tidigare.

Full av förtröstan och nitälskan gav han sig nu i kast med att sprida evangelium och förbättra sederna i sitt pastorat: Han bekämpade dans och tygellösa karnevalsseder, ömmade särskilt för de fattiga, till vilka han skänkte nästan alla sina inkomster, medan han endast unnade sig själv livets absoluta nödtorft och en synnerlig tarvlig kost, han bekämpade jansenistiska tendenser genom att understödja frekvent kommunion och devotion till den Heliga Jungfrun, han predikade med energi mot de idéer som spreds av "les philosophes" och encyklopedisterna, som ville sätta Naturen i Guds och Kristi ställe, och han arbetade träget på att få syndarna att omvända sig. I hans församling fanns en särskilt motsträvig dylik, för vars omvändelse fader Clorivière avlade ett löfte till Gud om att avstå från sin omhuldade kaffekopp efter maten, väl den enda jordiska extravagans han tillät sig, om blott denne syndare omvände sig. Till mångas förvåning gjorde syndaren ifråga verkligen detta, varefter fader Clorivière aldrig mer smakade kaffe.

Han vinnlade sig också om att till den katolska tron omvända de engelska turister som ofta besökte Bretagne och rönte i denna lovvärda sak betydande framgångar. Han deltog vidare i de missionskampanjer som vid denna tid organiserades i Bretagne i S:t Vincent Ferrers och S:t Louis-Marie Grignion de Montforts efterföljd, varvid han bl.a. samarbetade med en annan präst och benådad predikant från området, fader François-Georges Cormaux, församlingspräst i Plaintel, som skulle bli fader Clorivières medarbetare under revolutionsåren och sluta sina dagar som martyr för den katolska tron under den franska

revolutionens slutskede 1794.[12] I samband med dessa missions-
kampanjer författade fader Clorivière också en biografi över S:t
Grignion de Montfort *La Vie De M. Louis-Marie Grignion de
Montfort* och strax därefter ett verk *Exercices de dévotion à S.
Louis de Gonzague*, som bägge trycktes 1785; den senare skulle
för övrigt komma ut i en rad nyutgåvor under 1800-talet.

År 1786 utsåg den nytillträdde biskopen av Saint-Malo, Msgr.
de Pressigny, fader Clorivière till att leda kollegiet i Dinan och
tilldelade samtidigt honom titeln *supérieur de Clercs* med befo-
genheter som biskopens generalvikarie. Detta ämbete skulle
han upprätthålla under fyra års tid, varvid han visade sig vara
en skicklig skolledare som kraftig bidrog till att ge kollegiet
ifråga ett gott renommé.

Inte långt från Dinan låg en mineralvattenkälla, till vilken
under sommaren många människor med hälsoproblem åkte för
att dricka brunn. En del av dessa tog härbärge vid ett närbelä-
get ursulinnekloster, vid vilket också fader Clorivière verkade
som kaplan och biktfader. I denna egenskap kom han här 1787
att träffa en förnäm, varmt troende dam från Rennes vid namn
Adélaïde-Marie Champion de Cicé (1749-1818), som på sin
broders, biskopen av Auxerre, inrådan sökt sig till Dinan för att
återvinna sin hälsa, vilken hon satt på spel under osjälviskt,
mödosamt tjänande av de fattiga och obotligt sjuka.[13] Hon

---

[12] Om fader Cormaux handlar J. Herissay: *M. Cormaux saint de Bretagne*,
Bloud & Gay, 1937 och s.n.: *La Société du Cœur de Jésus et ses premiers
membres pour faire suite à l'ouvrage Le Père de Clorivière et sa mission par M.-E.
F. B.*, Imprimerie Ch. Monnoyer, 1936, ss. 51-100.

[13] Hennes levnad skildras bl.a. i L. Baunard: *Adelaide de Cicé*, Jules De
Meester and Sons, s.a. (omkr. 1900), L. Baunard: *Adelaïde de Cicé und ihre
ersten Gefährtinnen*, Buchdruckerei A. Bachhuber, 1936, s.n.: *Adelaide de
Cicé: Foundress of the Society of the Daughters of the Heart of Mary*, Les presses
monastiques, La pierre qui vire, 1962, A. Rayez: *Formes modernes de vie con-
sacrée: Ad. de Cicé et P. de Clorivière*, Bibliothèque de spiritualité, Beauchesne,
1966, M. de Chaignon: *Adélaïde de Cicé 1749-1818*, Société des Filles du

skulle bli fader Clorivières trogna biktbarn och korrespondent under resten av sin levnad och också en av hans närmaste medarbetare i den kristna barmhärtighetens tjänst under de stormiga revolutionsåren och även därefter, då hon på hans inrådan och med hans stöd skulle grunda *Société des Filles du Cœur de Marie,* Marie hjärtas döttrars sällskap. Alltsedan sin ungdom hade hon känt sig kallad till ett heligt liv och också försökt sig på att leva i visitantinnornas kloster i Rennes, men givit upp detta då klosterlivet där inte gick att förena med hennes starka önskan till aktiv tjänst bland de fattiga och eländiga. Hon hade emellertid fått en utomordentlig andlig vägledare i fader Boursoul, som kraftigt bidrog till att leda henne framåt på den kristna fullkomlighetens väg, men sedan han avlidit 1775 hade hon inte upphört att bönfalla Gud om en ny biktfader av dennes kaliber. För fader Clorivière kunde hon berätta hur hon under en reträtt redan 1776 hade fått en sorts uppenbarelse om en form av religiöst liv utan kloster och särskild klädedräkt, vari man efter avläggandet av de tre apostoliska löftena vinnlade sig om såväl andliga som lekamliga barmhärtighetsverk. Han rådde henne att bedja mycket och vänta till den tidpunkt då Gud till äventyrs skulle klargöra betydelsen av denna vision. Han gav också, sedan hennes församlingspräst och ordinarie biktfader, fader de la Croix, uppgivit sitt tidigare motstånd häremot, sitt stöd till hennes önskan om att bli novis hos korsdöttrarnas kongregation i Saint Servan.

Cœur de Marie, 1998 och J. Ancel: *Adélaïde Marie Champion de Cicé (1749-1818) Co-fondatrice de la Société des Filles de Cœur de Marie,* i *Un fondateur dans la tourmente révolutionnaire: Pierre de Clorivière (1735-1820). Colloque du Centre Sèvres (22-23 nov. 1985). Actes du Colloque public en l'honneur du 250ᵉ anniversaire de la naissance du P. de Clorivière organisé par les Filles du Cœur de Marie, l'Institut du Cœur de Jésus (Groupes Évangile et Mission) et les Facultés du Centre Sèvres,* Christus, Nr. 131 hors série, Assas-Éditions, 1986, ss. 91-109.

2. Fader Clorivière och den franska revolutionen

I sin korrespondens började fader Clorivière redan sommaren 1788 uttrycka oro över den politiska utvecklingen i Frankrike.[14] Då planerna på en nationalförsamling proklamerades i början av 1789, var han redan full av onda aningar och insåg genast vilka faror för religionen detta kunde bära i sitt sköte. När revolutionen utbröt sommaren 1789 befann han sig fortfarande i Dinan, varifrån han följde det alltmer oroväckande händelseförloppet: Den 14 juli stormade en smärre pöbelhop på anstiftan av den beryktade markis de Sade Bastiljen, varvid inalles fyra falskmyntare, två mentalsjuka och en högadlig rucklare "befriades", den där befintliga garnisonen om 82 invalider och 32 schweizergardister till stora delar massakrerades och den grymt ihjältorterade - och för sin människovänlighet kände - fängelsechefen M. de Launays av en köksgosse avskurna och på en pik monterade huvud bars i triumf genom Paris' gator - till minnet av dessa ruskigheter firar alltså republiken Frankrike sin nationaldag![15] I november fattade nationalförsamlingen beslut om konfiskationen av kyrkogods på inrådan av den cyniske vindflöjeln, "le diable boiteux", Talleyrand, då fortfarande biskop av Autun, men sedermera bannlyst av Pius VI. I början av påföljande år följde så beslutet om upphävandet av alla religiösa löften, vilka av de revolutionära ljushuvudena ansågs stå i motsats till individens "värdighet" och "frihet". Dessa självutnämnda "frihetskämpar" dristade sig också att avkräva Jesu Kristi tjänare en trohetsed mot nationen, konungen och en författning, vars innehåll ännu inte ens hade formulerats. Fader Clorivière tillhörde de talrika tappra präster som bestämt

---

[14] I det omfattande standardverket om de religiösa förhållandena i Frankrike under revolutionen P. de la Gorce: *Histoire religieuse de la Révolution française,* Tome I-V, AMS Press, 1969 (nytryck utgåvan 1912-23) beskrivs händelseutvecklingen i detalj.

[15] Jfr E. von Kuehnelt-Leddihn: *Operation Parricide: Sade, Robespierre & the French Revolution,* Fidelity, Vol. 8, July/August 1989, ss. 30-34.

vägrade avlägga denna ed till en statsmakt i alltmer uttalad apostasi, och i en predikan i Dinan på Marie Bebådelsedag 1790 sjöng han modigt de av nationalförsamlingen upplösta religiösa ordnarnas pris.

Sedan några angivare anmält honom, tvangs han påföljande dag efter sin predikan inställa sig inför stadsfullmäktige, som leddes av en avfallen revolutionär prelat, abbé Gautier, som överöste honom med klander p.g.a. hans predikan föregående dag. Fader Clorivière försvarade sig genom att påvisa sina utsagors renlärighet och frågade sin vederdeloman om han som präst och teolog kunde finna något att klandra i detta. Denne genmälde att i dessa tider vore det inte rådligt att använda sådant språk om nu inte Clorivière ville bli martyr. Fader Clorivière förklarade sig gärna vilja bli martyr om det var Herrens vilja, även om han inte tyckte sig vara värdig en så stor ära, vilket föranledde den avfallne abbén att beskylla honom för "fanatism". Fader Clorivière sade sig inte ha något emot detta epitet, som endast bekräftade hans trohet i att utföra sin plikt, och uppmanade sin åklagare att uppfylla sina nya plikter med nit; för egen del visste han inte av några andra än dem som tillhör tjänandet av Jesus Kristus, vars baner han hoppades att han aldrig någonsin skulle svika.

I sina predikningar och privat fortsatte fader Clorivière oförtövat att försvara den kristna religionen och kritisera de nya revolutionära principerna, vilket ledde till upprepade trakasserier från de revolutionära myndigheterna och till sist till att man genom maktspråk försökte få honom skild från hans ämbete som rektor för kollegiet i Dinan. Dessa vedervärdigheter väckte åter till liv hos Clorivière hans gamla drömmar om att bli missionär i Kanada, och vid terminens slut sommaren 1790 utverkade han biskopens medgivande om sin avgång från sitt ämbete. Han tillskrev också sin gamle vän John Carroll, en f.d. jesuit

från Irland, som blivit apostolisk vikarie i Maryland och ville
värva goda präster till den Nya Världen.[16]

Innerst inne hoppades fader Clorivière att jesuitorden, som ju i
Ryssland överlevt under beskydd av Katarina den stora, skulle
kunna återupplivas även i Amerika. Men medan han begrunda-
de detta, hörde han morgonen den 19 juli 1790, på S:t Vincent
de Pauls festdag, tydligt en inre röst: "Varför inte i Frankrike?
Varför inte i hela världen?" och i ett nu uppenbarades för ho-
nom en märklig plan, som han alltid skulle komma att betrakta
som inspirerad av vår Herre själv. Han skyndade sig att konsul-
tera en annan prästman, abbé Engerrand, som höll med ho-
nom om planens nyttighet och gudomliga ursprung och upp-
manade honom att genast skriva ned denna. Denna uppteck-
ning, avfattad på latin, avslutade fader Clorivière den 18
augusti 1790, en månad efter uppenbarelsen.[17]

Den plan som fader Clorivière ingivits gick i korthet ut på att
skapa en ny form av religiös orden som iakttog de evangeliska
löftena om lydnad, kyskhet och fattigdom, men levde i världen
obemärkt, utan särskild klädedräkt och utan kloster, konvent
eller ordenshus.[18] Under de omständigheter som höll på att ut-

---

[16] Dennes levnadsöde tecknas i den omfångsrika biografien P. Guilday: *The
Life and Times of John Carroll, Archbishop of Baltimore (1735-1815)*, The
Newman Press, 1954.

[17] De olika versionerna av stiftelseurkunderna finns återgivna i s.n.: *Docu-
ments constitutifs des sociétés, 1790-1820*, Durassié, 1935. Se också F. Morlot,
E. Genos: *Fondations nouvelles: Pierre de Clorivière*, Desclée de Brouwer,
1985, s. 177ff., s.n.: *Documents historiques: Les Trente premières années 1790-
1820*, Vol. 1, Société des Filles du Cœur de Marie, 1981 och P.-J. Picot de
Clorivière: *Lettres de fondation*, Éditions franciscaines, 1997.

[18] Om grundandet och utformningen av fader Clorivières sällskap kan man
läsa i t.ex. Rayez a.a. 1966, Rayez/Fèvre a.a. 1971, Morlot/Genos a.a., A.
Rayez: *Clorivière et ses fondations (1790-1792)*, Révue d'histoire de l'Église de
France, Vol. 54, Nr. 153, 1968, ss. 253-279 och F. Morlot: *De l'inspiration à
la fondation des deux sociétés: 19 juillet 1790 - 2 février 1791*, i *Un fondateur
dans la tourmente révolutionnaire: Pierre de Clorivière (1735-1820). Colloque du*

veckla sig i det revolutionära Frankrike var detta otvivelaktigt en strategi som skulle kunna bidra till att bevara den kristna tron och det kristna ordenslivet under de monstruösa antikristna orgier som väntade; redan hade ju genom ett revolutionärt dekret den 13 februari 1790 de religiösa ordnarna upplösts. Hur denna orden skulle organiseras var en fråga som fader Clorivière kom att brottas med en tid: Först tänkte han sig att den skulle vara en avläggare av jesuitorden, och han trodde också att det kanske skulle vara fördelaktigt att låta den först växa till i Amerika, till vars nejder hans håg då fortfarande stod.

När avfattandet av förslaget väl var färdigt drog sig först fader Clorivière för att vidarebefordra det till biskopen Msgr. Pressigny, då han befarade att dess genomförande skulle överstiga hans egna krafter och även att det skulle kunna ses som ett utslag av excentricitet, men då fick han plötsligt en ny gudomlig ingivelse om en liknande plan för en kvinnlig orden. Snabbt författade han en plan för denna orden också, vilken han till att börja med märkligt nog inte kopplade samman med den snarlika uppenbarelse som hans biktbarn Adélaïde-Marie Champion de la Cicé tidigare hade omförtäljt för honom. Hon mottog nu hans förslag med stor glädje och gjorde honom uppmärksam på likheterna med den ingivelse som meddelats henne själv. Fader Clorivière överlämnade nu sina förslag till biskop Pressigny, som redan den 18/9 godkände stiftelseurkunderna och gav fader Clorivière tillåtelse att upprätta de bägge ordnarna i biskopsdömet Dinan. Genast anslöt sig elva präster från Bretagne och två f.d. jesuiter till den manliga orden. Kring Mlle. de Cicé samlades likaledes en liten grupp fromma kvinnor, som ville försöka efterleva fader Clorivières regel. Statuter-

---

Centre Sèvres (22-23 nov. 1985). Actes du Colloque public en l'honneur du 250ᵉ anniversaire de la naissance du P. de Clorivière organisé par les Filles du Cœur de Marie, l'Institut du Cœur de Jésus (Groupes Évangile et Mission) et les Facultés du Centre Sèvres, Christus, Nr. 131 hors série, Assas-Éditions, 1986, ss. 45-89.

na för de bägge sällskapen baserades till stora delar på jesuitordens regel.[19]

Fader Clorivière begav sig nu till Paris för att försöka utverka den apostoliske nuntiens godkännande av de nygrundade ordnarna. Denne mottog fader Clorivière vänligt, men avrådde honom från att vända sig till Rom utan att först ha utverkat de franska biskoparnas godkännande, och särskilt varnade han honom för att försöka återuppliva den av Kyrkans fiender fruktade och hatade jesuitorden, vilket fick honom att tills vidare skrinlägga sina planer. I Paris anslöt sig ytterligare några präster till prästbrödraskapet, och den 2 februari 1791 firade en grupp präster under fader Clorivières ledning mässan gemensamt och anslöt sig sedan formellt till sällskapet i S:t Ignatii kapell på Montmartre i Paris. Samma dag företogs en liknande ceremoni för det kvinnliga sällskapet också i Paris under fader Clorivières ledning, men i Mlle. de Cicés frånvaro, då hon blivit fördröjd i Bretagne. Fader Clorivière blev superior för bägge sällskapen, en position som han enbart accepterade i avvaktan på biskoparnas och den Heliga Stolens beslut och tills hans planer på att resa till Amerika skulle låta sig förverkligas. Sällskapen fick så småningom namnen *Jesu hjärtas sällskap (Société du Cœur de Jésus)* respektive *Marie hjärtas sällskap (Société du Cœur de Marie)*, och systrarna kallade sig också *Mariedöttrar (Filles de Marie)*.[20] Under en tid arbetade fader Clorivière med att under-

---

[19] Se F. Morlot: *Histoire d'un charisme: L'Institut du Cœur de Jésus (1790-1984)*, S.I.P.S., 1992, s. 20ff. Jfr också R.P. P.-J. de Clorivière, S.J.: *Sommaire des constitutions de St Ignace et réflexions à l'usage de la Société du Cœur de Jésus*, 1933.

[20] Namnet på dessa sällskap vacklar och det kvinnliga sällskapet är också känt som *Marie hjärtas döttrars sällskap, Société des Filles du Cœur de Marie.* Sällskapen existerar fortfarande, ehuru prästsällskapet efter fader Clorivières död under en lång tid förde en tynande tillvaro till dess att det återkonstituerades 1918 på initiativ av abbé Daniel Fontaine (se F. Morlot: *L'Abbé Daniel Fontaine: Restaurateur de la Société du Coeur de Jésus,* S.I.P.S, 1982 och den mer lättåtkomliga F. Morlot: *Daniel Fontaine: Curé de Paris,* Éditions

visa de bägge sällskapens medlemmar, ge reträtter och besöka sjuka, samtidigt som han ägnade sig åt korrespondens och skriftställarskap, nu p.g.a. tidens faror oftast under pseudonym, bl.a. som "C. Puiseaux".

Ungefär vid denna tidpunkt började förföljelserna av de kristna ta fart på allvar. Myndigheterna hade nu börjat utse biskopar som avlade en trohetsed mot konstitutionen, men vars utnämning inte underkastades Roms godkännande, och på många platser fördrevs de präster som vägrade avlägga den äreröriga ed som revolutionärerna ålade dem. Den Helige Fadern Pius VI bannlyste de präster och biskopar som avlagt eden, medan den lagstiftande församlingen förklarade de präster som vägrade avlägga den förlustiga sina medborgerliga rättigheter. Många bis-

---

Salvator, 1982). Detta nya sällskap, som numera kallar sig *Groupes Évangile et Mission* eller *Famille Cor Unum,* synes efter andra Vatikankonciliet ha ganska kraftigt ändrat karaktär och har t.ex. nu också avläggare öppna för lekmän och kvinnor. Om sällskapens vidare öden kan man läsa i Morlot a.a. 1992, F. Morlot: *L'Institut séculier des prêtres du Cœur de Jésus,* Cor Unum, Numéro spécial, Juillet 1972 och H.-R. Casgrain: *La société des filles du Coeur de Marie d'après ses annales,* Tome I-III, Imprimerie F. Devalois, 1899-1905. Tidskriften *Cor Unum* som ges ut av *Famille Cor Unum* innehåller ofta artiklar om fader Clorivière och sällskapens historia, vilket också var fallet för tidskriften *Traces* som på olika språk utgavs av Association Cicé-entraide 1992-2002. Om fader Clorivières devotion för Jesu och Marie heliga hjärtan se Touvet a.a. Denna typ av devotion spelar för övrigt en utomordentligt stor roll i Frankrike, där den genom S:ta Marguerite-Marie Alacoque och S:t Jean Eudes erhöll fast form under senare delen av 1600-talet och sedan genomgick en stor uppblomstring i samband med och efter revolutionen. Se vidare J. V. Bainvel: *The Devotion to the Sacred Heart of Mary: The Doctrine & Its History,* Burns Oates and Washbourn Ltd., 1924 och J.-C. Prieto da Acha: *Le Sacré-Coeur de Jésus: Deux mille ans de miséricorde,* Éditions Téqui, 2008. I det senare verket omnämns också diverse andra sällskap ägnade åt det heliga hjärtat med sitt ursprung i denna tid som t.ex. de som grundades av den hjältemodige fader Coudrin och Henriette Aymer de la Chevalerie 1797 *(Congrégation des Sacrés-Cœurs de Jésus et de Marie)* och fader Varin och den heliga Sophie Barat 1800 *(Société du Sacré-Cœur de Jésus).* Se vidare t.ex. A. Lestra: *Le Père Coudrin fondateur de Picpus,* Lardanchet, 1952 och C. E. Maguire: *Saint Madeleine Sophie Barat,* Sheed and Ward, 1960.

kopar och präster som ville förbli den romersk-katolska kyrkan trogna gick nu i landsflykt. I detta läge beslöt sig fader Clorivière tvärtom för att stanna i Frankrike och inte fullfölja sina planer på att bege sig till andra sidan Atlanten. Även Mlle. de Cicé beslöt sig för att trotsa faran och stanna i landet, trots att hennes syskon nu gav sig iväg utomlands.

Fader Clorivière kallade henne till Paris för att åta sig ledarskapet för Marie hjärtas döttrar, något som hon gjorde trots känslor av klenmodighet och otillräcklighet, under villkor att hon fick avlägga ett slags lydnadslöfte till sin högt aktade biktfader Clorivière. Efter att ha sörjt för sällskapets framtid i Bretagne anlände hon tillsammans med abbé Cormaux, som anslutit sig till henne på vägen, så slutligen i oktober 1791 till huvudstaden, där fader Clorivière ordnat en bostad åt henne på adressen 8, rue des Postes. Utomordentligt svåra prövningar väntade nu de nybildade sällskapens medlemmar och ledare.

Vintern 1791-92 trappades förföljelserna mot de kristna alltmer upp: Den lagstiftande församlingen förbjöd alla religiösa ordnar och t.o.m. den prästerliga dräkten och lagstiftade om landsförvisning för präster som vägrade eller återtog trohetseden. De drakoniska åtgärderna ledde till att den katolska religionsutövningen alltmer kom att drivas under jorden.[21] När den fromme och godhjärtade konung Ludvig XVI inlade sitt veto mot dessa åtgärder, ledde det till uppror och mobbens stormning av Tuilerierna, fängslandet av konungen, som anklagades för högförräderi, och monarkiens avskaffande den 10 augusti, varvid samma dag också ett stort antal präster arresterades. Revolutionen gick nu in i ett radikalare skede, vilket bl.a. markerades genom att nationalförsamlingen den 21/9 1792 av-

---

[21] Se J. de Viguerie: *Christianisme et révolution: Cinq leçons d'histoire de la Révolution française,* Nouvelles Éditions Latines, 1986, I. Gobry: *L'Église immolée,* Éditions Argé och M.-P. Biron: *Les messes clandestines pendant la Révolution,* Nouvelles Éditions Latines, 1989.

löstes som maktcentrum av konventet. Vid denna tid bestod de bägge av fader Clorivière instiftade sällskapen av kring 30 medlemmar vardera. Dessa skulle under stora faror trotsa de stormar som nu väntade under ett alltmer gudlöst tyranni av "frihet och jämlikhet". Martyrernas blod började nu rinna i strida strömmar med början i de s.k. septembermassakrerna, då vilda hopar av sans-culotter uppeggade av den ondskefulle demagogen Marat stormade fängelserna och under de mest bestialiska former mördade präster, kvinnor, ädlingar, ja vem som helst som de där råkade på.[22] Bland offren fanns också ett antal medlemmar av Jesu hjärtas sällskap. Den 16 januari 1793 avrättades så efter en farsartad rättegång Ludvig XVI, som sedan augustihändelserna suttit inspärrad i Tempeltornet, Le Temple.

Själv gick fader Clorivière under jorden i september 1792 efter en incident då polisen sökt honom i det rum där han bodde på adressen 16, rue des Postes. Han hade just lämnat rummet då han stötte på några poliser som frågade honom om "medborgare Clorivière" var hemma. Han svarade sannfärdigt att denne just gått ut, men att han hade nyckel till rummet, om de ville kontrollera själva. De lät sig för tillfället nöja därmed, varefter han genast begav sig till en onkel som hade ett slott i Villerssous-Saint-Leu, inte så långt från Paris, där han författade ett verk *Pensées détachées sur les progrès de la raison, sur l'accroise-*

---

[22] Se t.ex. P. och P. Girault de Coursac: *Septembre 1792: La mort organisée*, Éditions F. X. de Guibert, 1994, N. Portail: *Les « Massacres de Septembre » 1792: La Révolution française atteint son point de non-retour*, Éditions du Sel, 2008, I. Gobry: *Les Martyrs de la Révolution Française*, Libraire Académique Perrin, 1989, B. Lerat: *Le terrorisme révolutionnaire 1789-1799*, Éditions France-Empire, 1989, F. Brigneau (pseud. E. Allot): *1792 - 1794: La Terreur, mode d'emploi*, Publications F. B., 1991, J. Bouflet: *Le bicentenaire du sang: Martyrologe de la Révolution française. Tome I. 1792 - 21 janvier 1793*, Éditions F. X. de Guibert (O.E.I.L.), 1992, E. Bannon: *Refractory Men, Fanatical Women: Fidelity to Conscience during the French Revolution*, Gracewing, 1992 och J.-P. Brancourt: *De la Peur à la Terreur 1789-93: documents et témoignages du centre d'études contre-révolutionnaires*, Vu de Haut, Nr. 8, 1989, ss. 1-96.

ment ou le dépérissement des lumières, vari han kritiserade det gudlösa "förnuft" och den gudlösa "filosofi" vars praktiska konsekvenser nu blivit uppenbara.

Under tiden ordnade Mlle. de Cicé ett hemligt gömställe åt honom i Paris på adressen 11, rue de Cassette i en trång lönnkorridor mellan två väggar, nästan omöjlig att upptäcka, där han, sedan han återkommit till Paris, skulle ha sin boning de närmaste åren. Han upprättade där ett altare och tabernakel, och lämnade inte utan mycket goda skäl sin trånga boning, mestadels endast om natten för att utdela sakramenten till sjuka och döende. Han beskrev själv senare hur han, när han skulle gå ut, först kastade sig framför altaret och utbad sig om Guds beskärm, därefter lade en liten trästatyett av den Heliga Jungfrun jämte hostian i en ficka och åkallade Guds Moder med orden: "Det är nu Din sak, min goda Moder, att se efter din gudomlige Son, eftersom jag som Du vet inte kan göra något för att skydda den värdefulla skatt jag bär på." Därefter anropade han änglarna med orden: "Det är nu Er plikt att gå före er Herre och Drottning som Ni gjorde under flykten till Egypten." Därefter gav han sig full av bävan ut på den farofyllda vandringen. Hans himmelska beskyddare svek honom dock aldrig.

Sina dagar ägnade han åt bön, meditation, studier och ett omfattande skriftställarskap. Bl.a. skrev han här stora delar av sin berömda, men ännu idag opublicerade apokalypskommentar. Mlle de Cicé tog hand om ledningen av de kvinnliga sällskapen i Paris och Bretagne och ägnade också mycket tid åt barmhärtighetsverk. Den 15 augusti 1792 avlade hon sina religiösa löften. Myndigheterna betraktade henne med misstänksamhet och började nog också ana att det var något skumt som pågick på 11, rue de Cassette, då ganska mycket folk kom och gick där, men lyckades aldrig avslöja fader Clorivières gömställe.

Jakobinerna som nu hade makten under ledning av de blodtörstiga demagogerna Marat och Robespierre drev en alltmer utrerad politik med massarresteringar, konfiskationer och giljotineringar som sina främsta kännetecken.[23] Sedan Marat hade blivit mördad i sitt badkar av girondisten Charlotte Corday den 13 juli, trappades våldet alltmer upp, och skräckväldet, *la Terreur*, vidtog. Mängder med oskyldiga personer utpekade för uppdiktade eller löjeväckande brott av angivare, polisspioner, ovänner eller rentav grannar och anhöriga ställdes inför revolutionsdomstolar och avrättades efter summariska processer.

Mlle. de Cicé arresterades den 25 augusti 1793 och hölls häktad i tre veckor, men polisens undersökning av hennes papper och ägodelar kunde inte visa att hon varit i kontakt med "republikens fiender", varför hon märkligt nog släpptes igen, ehuru hon alltfort förblev föremål för polisens intresse och övervakning. Den 15 oktober samma år ställdes drottning Marie Antoinette inför rätta anklagad för högförräderi och för att ha tömt statskassan och avrättades redan påföljande dag, sedan den fullständigt skrupelfrie Hébert, redaktör för den vulgära boulevardblaskan *Le Père Duchesne* och vänsterextremisternas ledare, hade ljugit ihop en historia om att drottningen begått incest med sin - sjuårige - son i fängelset. Ännu var dock inte kulmen på vanvettet nått.

---

[23] Litteraturen om den franska revolutionen är förstås utomordentligt omfattande, och dess många mörka sidor kom särskilt i fokus i samband med debatten kring dess tvåhundraårsjubileum 1989, varvid och varefter en strid ström av studier i ämnet utkommit. Särskilt rekommenderas R. Escande (utg.): *Le livre noir de la Révolution française*, Les Éditions du Cerf, 2008, till vilken många av de ledande forskarna på området bidragit. Ett annat mycket förtjänstfullt verk är J. Dumont: *La Révolution française ou les prodiges du sacrilège*, Criterion, 1984, som med imponerande bevisföring och stor energi driver tesen om revolutionens fundamentalt antikristna karaktär. Av stort intresse är också det berömda försök att utvärdera revolutionens kostnader som gjordes i R. Sedillot: *Le coût de la Révolution française*, Libraire Académique Perrin, 1987. Jfr också R. Casin: *Les catholiques et la Révolution française*, Éditions Résiac, 1988. Läsvarda är också de supplement till tidskriften *Action Familiale et Scolaire* som gavs ut under titeln *Pour en finir avec la Révolution*, Cahier n° 1-10, Action Familiale et Scolaire, 1987-89.

Nu följde den s.k. avkristningen, väsentligen ett påfund av hé-bertisterna, ett parti av extrema ateistiskt-materialistiska anar-kister och sybariter ivrigt påhejade av excentriker som den ond-sinte markis de Sade och den preussiske baronen Anacharsis Clootz, som gärna talade om sig själv som "Jesu Kristi personli-ge fiende". Religionen inklusive all privat eller offentlig kult och religionsundervisning förbjöds och dess tjänare förödmju-kades, förföljdes, t.ex. genom att tvingas avsvärja sig sitt ämbete eller ingå äktenskap, och fördrevs eller mördades i stora skaror. Kyrkorna och klostren stängdes, förvandlades till "tempel" åt förnuftet, varietélokaler m.m. eller demolerades helt eller del-vis, de kristna franska kungarnas gravar bröts upp och deras kvarlevor skändades, kyrkklockor och kyrksilver konfiskerades och smältes ned, och högheliga reliker, krucifix och andra reli-giösa föremål och böcker, ofta desslikes oskattbara konstverk, förstördes systematiskt, ofta i stora bål kring vilka blasfemiska upptåg ägde rum. Den 21 oktober 1793 instiftades en lag en-ligt vilken alla misstänkta präster och alla som erbjöd dem en tillflykt skulle dödas på stället.

Den kristna tideräkningen och kalendern avskaffades och sju-dagarsveckan ersattes med en sekulär tiodagarsvecka, varvid de som fortsatte att hålla sig till den gamla kalendern trakasserades eller rentav mördades. Kristna namn på orter och platser utbyt-tes mot revolutionära dylika, och helgonbilder slogs sönder och ersattes av bilder på Marat, Voltaire, Rousseau, Montesquieu, Franklin och andra revolutionära idoler. Revolutionsledaren Fouché gav order om att kors och religiösa statyer skulle avlägs-nas från kyrkogårdarna och orden "Döden är en evig sömn" sättas upp över deras grindar. På initiativ av en av de värsta re-volutionära hetsporrarna, den blodtörstige sodomiten Chau-mette, som i ateistiskt nit bytt ut sitt förnamn Pierre-Gaspard mot Anaxagoras, firades i Paris och annorstädes den 10 november 1793 "Förnuftets högtid", vid vilken en skådespelerska och sköka, troligen en viss Sophie Momoro[24], hustru till en av de ledande radikala hébertisterna, utklädd i en vit klädnad, blå mantel och den obligatoriska röda frygiska revolutionsmössan samt försedd med en pik i handen hyllades som förnuftets gudinna på högaltaret i Notre-Dame, som under stor förstörelse av de kristna konstföremålen och utsmyckningarna gjorts om till ett tempel åt Förnuftet. Efter detta fördes "gudinnan" i en bullrande kortege genom Paris beledsagad av balettflickor och skränande och druckna hopar av sans-culotter till konventet, där hon hälsades och omfamnades av Chaumette, Laloy och andra revolutionsdignitärer. Över hela Frankrike följde en våg av helgerån, plundring, vandalism och förstörelse ofta i kombination med blasfemiska och obscena uppträden och parader, parodier på den heliga mässan, backanaler, orgier och blodiga övergrepp mot präster, ordensfolk och helt vanliga kristna som försökte hålla fast vid sin och sina fäders tro.

De katolskt-rojalistiska och andra uppror som nu flammade upp överallt i landet möttes med den mest häpnadsväckande grymhet: I Lyon roade sig den kallhamrade Fouché, sedermera Napoleons polisminister och anfader till hertigätten d'Otrante, med att låta sina revolutionssoldater från kanoner beskjuta fastkedjade fångar med kartescher, varefter de överlevande, ofta

---

[24] Det råder allmän oenighet bland revolutionshistorikerna om namnet på den aktris som spelade rollen som förnuftets gudinna och även huruvida den gudinna hon gestaltade verkligen var förnuftets och inte frihetens. Andra namn som nämns är en operastatist Désirée Candéille, en operadansös Thérèse-Angélique Aubry och en berömd operasångerska Mlle. Maillard. Ibland anges Mme. Momoros förnamn som Sophie, ibland som Thérèse, och enligt vissa skulle hon spelat rollen som förnuftsgudinna i Saint-Sulpice och inte i Notre-Dame. Se G. Lenotre: *Vieilles Maisons, Vieux Papiers,* Perrin et Cie, 1908, s. 13ff., A. Latreille: *L'Église catholique et la Révolution française. Tome I: Le pontificat de Pie VI et la crise française (1775-1799),* Libraire Hachette, 1950 s. 157f., I Gobry: *La Révolution française et l'Église catholique,* Éditions Fideliter, 1989, s. 252ff., M. Ozouf: *La fête révolutionnaire 1789-1799,* Éditions Gallimard, 1976, s. 157ff., P. Gaxotte: *The French Revolution,* Charles Scribner's Sons, 1932, s. 330ff. och Escande a.a. s. 219.

svårt sargade, halvdöda offren mejades ned med sablar och ge-
värssalvor. Dessa ruskiga avrättningsmetoder ersattes snart med
regelrätta exekutionsplutoner, vilkas effektivitet var sådan att
stanken från alla de lik och allt det blod som rann längs gatorna
i centrala Lyon gjorde det nödvändigt att avrättningarna flyt-
tades till en plats utanför staden, där präster, nunnor, aristokra-
ter, kvinnor, barn o.s.v. urskiljningslöst mejades ned dag efter
dag under flera månaders tid under vintern och våren 1793-94.
I Nantes mördades präster, munkar, nunnor och misstänkta
kontrarevolutionärer genom att bundna packas samman på
stora pråmar, som därefter sänktes i Loire ("les noyades"),
varvid frihetens banerförare särskilt skall ha roat sig med att
binda samman präster och nunnor, något de kallade "re-
publikanskt äktenskap".[25] I Ponts-de-Cé vid Angers inrättades
ett garveri för att göra ridbyxor av människohud åt det revolu-
tionära kavalleriet och i Clisson kastades 150 kvinnor i stora
ugnar, där revolutionärerna på så sätt lyckades utvinna 10 tun-
nor människofett till fromma för "mänskligheten", medan re-
volutionärt sinnade vetenskapsmän föreslog olika gruvliga me-
toder för hur man effektivt skulle kunna ta så många fiender
till republiken som möjligt av daga genom t.ex. förgiftat vatten,
mjöl eller alkohol eller gasning i gruvschakt.[26] Ofta tillämpades

---

[25] Se t.ex. G. Lenotre: *Massdränkningarna i Nantes,* P. A. Norstedt & Söner
Förlag, 1913.

[26] Se R. Secher: *A French Genocide: The Vendée,* University of Notre Dame
Press, 2003 s. 114ff. (särskilt s. 134ff.), R. Secher: *La guerre de Vendée: guerre
civile, génocide, mémoricide,* i Escande a.a. ss. 227-248 (särskilt s. 231 ff.) och
Mauny (pseud.): *Les tanneries de peau humaine sous la Révolution Française: Le
corps humain marchandise,* 16 mars 2009, http://www.viveleroy.fr/Les-
tanneries-de-peau-humaine-sous,66. Jfr också A. Gérard: *Vendée: Les archives
de l'extermination,* Éditions du CVRH, 2013. Ganska artificiella och osmakli-
ga förefaller de försök att släta över eller trivialisera dessa barbariska grymhe-
ter som görs av Jean-Clément Martin, emeritusprofessor vid Sorbonne och
medlem i *Société des études robespierristes,* i ett flertal verk, nu senast i J.-C.
Martin: *Un détail inutile? Le dossier des peaux tannées Vendée, 1794,* Vendé-

den mest sadistiska tortyr på de arma offren för den revolutionära terrorn, t.ex. i Vendée där de beryktade "colonnes infernales"[27] härjade och under försvaret av republikens "mänskliga rättigheter" och "frihet, jämlikhet och broderskap" under obeskrivliga grymheter mördade alla som kom i deras väg, vilka till större delen torde ha utgjorts av kvinnor, barn och åldringar som inte själva deltog i striderna. Blodbadet i Vendée brukar beskrivas som det första moderna folkmordet och lämnade stora områden i västra Frankrike avfolkade, på sitt sätt ett skrämmande förebud om 1900-talets ateistiska terrorregimer.[28]

---

miaire, 2013, där han under polemik mot ff.a. den ledande Vendée-forskaren Reynald Secher med stor uppfinningsrikedom söker relativisera och bagatellisera det revolutionära folkmordet och våldet i Vendée och annorstädes.

[27] Se S. Loidreau: *Les colonnes infernales en Vendée*, Les Éditons du Choletais, 1992.

[28] Liksom ifråga om många andra folkmord går uppskattningarna av antalet offer kraftigt isär och republikanskt sinnade revolutionshistoriker har ofta förbigått frågan under tystnad eller kraftigt förringat antalet offer, men det är enligt de mest trovärdiga bedömningarna sannolikt att det handlar om 100 000-tals dödade - uppemot 600 000 enligt vissa bedömare - i en befolkning på kring 750 000-850 000. I en ambitiös demografisk studie J. Hussenet et al.: « *Détruisez la Vendée* » *Regards croisés sur les victimes et destructions de la guerre de Vendée*, Éditions du CVRH, 2007 beräknas det totala antalet offer i Vendée till c:a 170 000 eller mer än 22% av landskapets befolkning. M. Burleigh: *Earthly Powers. The Clash of Religion and Politics in Europe, from the French Revolution to the Great War*, Harper Collins, 2005 s. 101 uppskattar att upp till 1/3 av befolkningen i de förhärjade områdena dödades, något som vore jämförbart med den andel som föll offer för de röda khmerernas blodbad i Kambodja, vilket brukar beskrivas som det värsta av alla de moderna folkmorden. Clorivière själv förmodade att Frankrike mist en tiondedel av sin befolkning p.g.a. revolutionen; se C. Langlois: *Clorivière et la Révolution: Apocalypse ou Apologétique?*, i *Recherches autour de Pierre de Clorivière. Actes de colloque public des 18 et 19 octobre 1991 (Paris, 39, rue Notre-Dame des Champs)*, S.I.P.S., 1993 s. 127. Om kriget i Vendée existerar en synnerligen omfattande litteratur; se t.ex. R. Secher a.a. 2003 och A. Gérard: « *Par principe d'humanité...* » *La Terreur et la Vendée*, Fayard, 1999. Jfr också den ytterst utförliga klassikern J. Crétineau-Joly: *Histoire de la Vendée militaire*, Tome I-V, Éditions Pays & Terroirs, 1994, vari man t.ex. i Tome II

Den barbariska hébertistiska ultravänstern som drivit på av-kristningen störtades ganska snart och de flesta av dess ledare avrättades i mars-april 1794 på initiativ av Robespierre, vilken som skäligen egenrättfärdig moralpredikant och deist ogillade deras antinomiska anarkism och ostentativa ateism och ersatte kulten av Förnuftet med sin egen kult av det Högsta Väsendet. I mordlystnad stod han dock inte sina vederdelomän efter, och giljotineringarna tilltog ytterligare i frekvens under hans tid vid makten. Under juni-juli 1794 kulminerade mördandet i det som brukar kallas *la Grande Terreur*, den stora Terrorn, då det tidigare skenet av rättskipning avskaffades och avrättningar nu kunde genomföras baserade på enbart vaga misstankar om kontrarevolutionära sympatier utan någon egentlig rättslig prövning alls. Genom den s.k. thermidorkuppen den 27 juli 1794, organiserad av Fouché och andra politiker som på goda grunder fruktade för sina egna liv, avsattes till sist Robespierre och hans kumpaner och avrättades skyndsamt påföljande dag, varefter en något mindre våldsam regim vidtog och den värsta religionsförföljelsen också upphörde.

Under dessa hemska blodbad var det oundvikligt att också offer skulle krävas inom de av fader Clorivière stiftade sällskapen. Redan septembermassakrerna 1792 skördade minst två offer bland Jesu hjärtaprästerna, nämligen generalvikarien för Paris Gabriel Desprez de Roche, som hade deltagit i grundningscere-monien på Montmartre den 2 februari 1791 och som saligför-klarades 1926, och Louis Lanier, präst och lärare vid och pre-fekt för seminariet Saint-Nicolas-du-Chardonnet.[29] Den 9 juni

---

s. 26 kan läsa de revolutionära makthavarnas talande svar på general Haxos förslag om att mildra terrorn: "Il faut que la Vendée soit anéantie, parce qu'elle a osé douter des bienfaits de la liberté."

[29] Se s.n.: *La Société du Cœur de Jésus et ses premiers membres pour faire suite à l'ouvrage Le Père de Clorivière et sa mission par M.-E. F. B.*, Imprimerie Ch. Monnoyer, 1936, s. 21ff. och O. Theon: *Clorivière et les martyrs de la Terreur*, i *Recherches autour de Pierre de Clorivière. Aĉtes de colloque public des 18 et 19 oĉtobre 1991 (Paris, 39, rue Notre-Dame des Champs)*, S.I.P.S., 1993, s. 99-108,

1794 giljotinerades Clorivières gamle vän abbé Cormaux, som hade suttit fängslad sedan den 9 augusti 1793, och några dagar senare Mme. des Bassablons, en helgonlik änka och tillika fader Clorivières kusin, som tillhörde Marie hjärtas döttrar sedan begynnelsen och under stora uppoffringar vårdat sig om de fattigas kroppsliga och andliga väl och hos vilken fader Clorivière tagit in under ett besök i Saint-Malo i mars-april 1791. Anklagad för att skydda refraktärpräster, d.v.s. präster som vägrade avlägga eden till den revolutionära konstitutionen, transporterades hon till Paris för att där underkastas den revolutionära "rättskipningen", varvid fader Clorivière besökte henne i fängelset under fara för sitt eget liv och där mottog hennes sista bikt, innan hon efter en summarisk rättegång giljotinerades. Hennes kommande martyrskap hade hon för övrigt underrättats om femton år tidigare av fader de Bricourt, en gammal jesuit och helig man med profetians gåva.

Också fader Clorivières egen broder Michel-Alain de Limoëlan och hans helt unga systerdotter Angélique de la Fonchais, bägge anklagade för att ha deltagit i en monarkistisk sammansvärjning organiserad av markisen de la Rouërie, mötte sitt öde på schavotten, där den 18 juni 1793 tolv rojalistiska katoliker av hög börd från Bretagne mördades i revolutionens första stora massgiljotinering.[30] Enligt samtida skildringar skall fader Clorivière ha funnits på plats inkognito vid avrättningsplatsen för att ge absolution åt de dömda, som samtliga vägrade ha något att göra med det avskydda konstitutionella prästerskapet, vilket vid denna tidpunkt fortfarande anlitades av det revolutionära

där också andra martyrer som kan ha varit medlemmar av fader Clorivières sällskap diskuteras.

[30] Om rättegången inför den av nationalkonventet nyligen inrättade "tribunal criminel extraordinaire", där de anklagade ställdes till svars av den fruktade allmänne åklagaren Fouqier-Tinville, se G. Lenotre: *Le premier Chouan: Le Marquis de la Rouërie*, Librairie Arthème Fayard, 1955, s. 131ff. Jfr också J. Crétineau-Joly a.a. Tome III, s. 90.

"rättsväsendet", och alla mötte sitt öde med värdighet och mod ropande "Vive le Roi!".

Markisen de la Rouërie var en tapper och äventyrslysten adelsman som kämpat i det amerikanska frihetskriget och nu med stöd från merparten av den lokala noblessen, till vilken Clorivières släktingar ju hörde, organiserade och ledde en hemlig katolsk-rojalistisk bondearmé i Bretagne, Normandie och en del angränsande områden i västra Frankrike, där han i maj 1792 inledde det långvariga guerillakrig mot de revolutionära usurpatorerna vilket gått till historien som "la chouannerie" efter det uggleskri "chou-ou" som hans krigare använde som signal för anfall. Han hoppades att i spetsen för dessa styrkor tillsammans med den kontrarevolutionära emigrantarmé som stod under prinsens av Condé befäl kunna tåga mot Paris, befria konungen och återställa ordningen i Frankrike, men p.g.a. de märkliga missgrepp som det rojalistiska ledarskapet och dess allierade begick hösten 1792 förverkligades aldrig dessa planer. Lantbefolkningen i Bretagne var helt katolsk och rojalistisk, varför revolutionärerna misslyckades att vinna kontroll över landsbygden i denna landsända i vilka uppror följde på uppror ända fram till 1832, då den sista legitimistiska revolten ändades genom att hertiginnan av Berry, Caroline de Bourbon-Siciles, moder till den då tolvårige rättmätige tronarvingen Henri d'Artois, arresterades i Nantes. De katolska soldaterna, som igenkändes på sitt emblem, det ibland Frankrikes katoliker alltjämt så välkända korsprydda röda hjärtat, och på de radband de plägade bära runt halsen, gömde sig i skogarna och vildmarken, där deras andliga väl underhölls av refraktärpräster, som nu jagades såsom villebråd av de blodsugna revolutionära makthavarna. När markisen de la Rouërie, som utmattad och febersjuk av vildmarkslivet, skärmytslingarna och strapatserna hemligen vilade upp sig hos några vänner och sympatisörer i ett hus på slottet La Guyomarais' ägor, fick veta att konungen avrättats, bröt han samman och avled några dagar senare den 30 januari 1793. Fader Clorivières unge brorson och särskilde favorit, officeren Joseph-Pierre Picot de Limoëlan, till vilken vi får anledning att återkomma senare, var för övrigt en av markisens tre adjutanter och närmaste medhjälpare och kom under en rad år fram till år 1800 att vara verksam som en av de främsta militära ledarna för chouanneriet. I själva verket var en av markisens närmaste medarbetare, hans livläkare Valentin Chevetel (ibland stavat Cheftel) en förrädare och informatör för Danton, och det var hans angivelser som lett fram till de gripanden som föregick massgiljotineringen den 18 juni 1793.[31]

Särskilt tragiskt var den unga Angélique de la Fonchais' öde: Denna hjältemodiga kvinna och moder till två döttrar dömdes mot sitt nekande till döden då hennes efternamn förekommit i en förteckning som återfunnits bland markisen de la Rouëries efterlämnade papper, och först långt senare blev det känt att hon själv helt oskyldig gått i döden för sin svägerska, vars inblandning i sammansvärjningen hon inte ville röja. Hennes enkla avskedsbrev till sina systrar, författat omedelbart före giljotineringen är gripande:

Torka era tårar, mina kära vänner, eller, åtminstone, gjut dem utan bitterhet: Alla mina olyckor får nu sitt slut och jag kommer att vara lyckligare än ni. Jag har just skrivit till min svägerska för att anförtro mina barn åt henne: Ni vill säkert också, hoppas jag, tillsammans med henne bli mödrar till dessa stackars små föräldralösa barn. Må denna kostbara titel hjälpa er att utstå livet! Jag lämnar er för att närma mig Gud.

Tag emot, mina kära systrar, mitt ömmaste och varmaste farväl! Jag skulle vilja ägna mig längre åt er, men denna tanke försvagar mig och jag vill spara alla mina krafter.

---

[31] Denne vämjelige skurk gifte sig sedermera med skådespelerskan Mlle. de Fleury, en dam som f.ö. tidigare uppvaktats av just markis de la Rouërie, och kom sedermera under lång tid (1810-1832) att bekläda ämbetet som borgmästare i Orly.

Farväl ännu en gång och sörj med måtta; vi kommer att återför-
enas en dag! Jag omfamnar er med hela min själ! Adjö, mina vän-
ner![32]

Hennes moder och fader Clorivières äldre syster Jeanne-Rose
Désilles, vars make Marc Désilles också anklagades för att ha
varit involverad i sammansvärjningen, men lyckades fly till
Jersey, där han emellertid avled i augusti 1794, hade drabbats
av ett psykiskt sammanbrott, sedan hennes son André, som var
officer till yrket, den 31 augusti 1790 dödats av soldatesken i
samband med det myteri som blivit känt som "l'affaire de
Nancy", och efter alla dessa fasansfulla olyckor återvann hon
aldrig förståndet.[33] Både familjerna Désilles' och Limoëlans fa-
miljegods konfiskerades av de revolutionära myndigheterna.
Fader Clorivières andra syster Thérèse, som var visitantinne-
nunna, arresterades också, men släpptes från fängelset efter
Robespierres fall.

Fader Clorivière själv kunde från sitt gömställe på rue de Cas-
sette följa den revolutionära utvecklingen på nära håll och hade
god tid på sig att reflektera över händelseutvecklingen, vars de-
moniska karaktär han genomskådade långt tidigare än de flesta.
Han tillfrågades om de eder som republiken försökte tvinga
prästerna att avlägga och avrådde i en skrift som cirkulerade i
manuskript bestämt sina prästkolleger från att gå med på des-
sa.[34] Under juli-augusti 1793 skrev han en kritisk analys av den

---

[32] Lenotre a.a. 1955, s. 143.

[33] Åt André Désilles och "l'affaire de Nancy" ägnas monografien P. Le Bastart
de Villeneuve: *André Désilles: Un officier dans la tourmente révolutionnaire*,
Nouvelles Éditions Latines, 1977.

[34] F. Uzureau: *Le Père de Clorivière et le Serment de Liberté et d'Égalité*,
Librairie Générale Catholique Arthur Savaète, éditeur, 1925 innehåller en
senare skrift av fader Clorivière i samma ämne, vari bemötes det försvar för
ederna som en viss M. Emery, generalsuperior för Saint-Sulpice, dristat sig att
publicera 1795.

deklaration om de mänskliga rättigheterna som först utfärdades av nationalförsamlingen hösten 1789 och sedan infogades i den franska författningen 1791, varefter den modifierades av konventet 1793.[35] Denna lysande, men också nyanserade uppgörelse med revolutionsmännens ytliga och verklighetsfrämmande retorik och gudlösa etik har alltsedan den först utgavs 1926 av René Bazin kraftigt bidragit till fader Clorivières berömmelse och kommit att tryckas i flera olika utgåvor. Så här profetiskt avslutar han sitt verk, som enligt Bazin cirkulerade i manuskriptform bland de förföljda katolikerna i Paris:

Vi kan inte se att man kan läsa våra reflektioner med någon uppmärksamhet utan att inse att denna deklaration täcker över Sanningen med en dunkel slöja, att den tenderar till en fullständig inversion av Jesu Kristi Religion, att den i sina principiella ansatser är helt och hållet motsatt det Heliga Evangeliet, att den frigör människan från alla de plikter som lagen, t.o.m. den naturliga,

---

[35] R. Bazin (utg.): *Pierre de Clorivière: Contemporain et juge de la Révolution 1735-1820*, J. de Gigord, Èditeur, 1925. Se också D. Ancelle: *Galerie contrerévolutionnaire*, Tome I, Clovis, 2008 ss. 155-190, M. Blanc: *Un contemporain de la Révolution française juge la déclaration des droits de l'homme et du citoyen: Pierre-Joseph Picot de Clorivière (1735-1820)*, Impacts, No. 2, 1989, ss. 29-47 och Fayard-Poncet: *La Déclaration des Droits de l'Homme vu par P. Clorivière*, i B. Demotz, J. Haudry (utg.): *Révolution contre Révolution, Actes du Colloque Lyon 1989, Centre d'Histoire et d'Analyse Politique/Tradition et Modernité, Ouvrage publié avec le concours de l'Université de Lyon III*, Les Éditions du Porte-Glaive, 1990, ss. 123-152, Mindre belysande fann jag de konciliant formulerade artiklarna i specialnumret *Clorivière et la Révolution*, Cor Unum, No. 1, Vol. 65, Janvier 1989. Jfr också J. Sandweg: *Rationales Naturrecht als revolutionäre Praxis: Untersuchungen zur „Erklärung der Menschen- und Bürgerrechte" von 1789*, Historische Forschungen, Band 6, Duncker und Humblot, 1972, s.n.: *L'envers des droits de l'Homme. Actes de la IIe Université d'été de Renaissance Catholique, Mérigny, août 1993*, Renaissance Catholique, 3. uppl., 2004, J. Madiran: *Les droits de l'homme DSD*, Éditions de Présent, 1995, M. Thomann: *Le « Préambule » de la Déclaration des droits de l'homme*, Vu de haut, Nr. 5, 1986, ss. 75-83 och R. Fontaine: *Genèse d'une mythologie: Les prémisses philosophiques de la Révolution*, Action Familiale et Scolaire, s.a. (1989?).

*ålägger henne med avseende på Gud, och, slutligen, att den utgör
en sannskyldig skräphög av hädelser och osedligheter. Men eftersom
det illiStiga sätt som den presenteras på och det som den innehåller
ägnat att smickra människornas högmod och naturliga fördärv
kan göra den högSt olycksbringande för människosläktet, avslöjar
jag, som medlem i den Heliga Katolska Kyrkan, under denna siSta
synpunkt denna som ett verk av orättfärdigheten. Om olyckligtvis
det mörker som man föresatt sig att utbreda med hjälp av denna
deklaration om de mänskliga rättigheterna skulle lägra sig över jor-
den, om merparten av människorna låter sig insvepas däri, då
kommer vi att ha nått dessa olycksaliga tider, då i enlighet med de
Heliga Skrifternas fruktansvärda ord, Sanningens sol skall förmör-
kas.*[36]

Clorivière följer här i spåren av den Helige Fadern, Pius VI,
som redan i mars-april 1791 i sina två breven *Quod aliquantum*
och *Adeo nota* kraftfullt fördömt deklarationen om de mänskli-
ga rättigheterna, vars hävdande av en absolut tanke- och reli-
gionsfrihet han betecknade som "monstruös" och som motsatt
både religionen och samhället (19: "illa scilicet jura religioni, et
societati adversantia"), och som sedan på många sätt bekämpa-
de den franska revolutionen och mot det avfälliga "konstitutio-
nella" prästerskapet understödde de mot Rom trogna refraktär-
prästerna, vilka i själva verket utgjorde den stora majoriteten av
prästerskapet.[37] För sin trohet mot Kristus och Kyrkan tvangs

---

[36] Bazin a.a. s. 111f.

[37] Enligt I Gobry: *La Révolution française et l'Église catholique*, Éditions
Fideliter, 1989 s. 293f. vägrade c:a 100 000 av de 130 000 katolska präster
som fanns i Frankrike 1789 att avlägga ederna. Av de 30 000 som avlade
ederna övergav 4000-5000 prästkallet genom giftermål eller avfall från tron,
vartill kommer att minst 1000 även av de edsvurna prästerna mördades under
revolutionen och att många av de resterande återtog ederna och återförenades
med Kyrkan allteftersom de vaknade till insikt om revolutionens verkliga
karaktär. När konkordatet mellan franska staten och den Heliga Stolen
ingicks 1801, skall endast 6000 konstitutionella präster ha återstått. Av de
140 biskoparna avlade endast sex ederna.

Pius VI också dö som de franska revolutionärernas fånge i Valences i Frankrike efter att med vapenmakt ha fördrivits från Rom vintern 1798 och sedan åldrig och svårt sjuk ha släpats över Alperna våren 1799. Hans fördömanden av den franska revolutionen och dess principer har sedan gång efter annan upprepats av de efterföljande påvarna, inte minst i de stora antimodernistiska encyklikorna av Gregorius XVI, Pius IX, Leo XIII och S:t Pius X.

3. Apokalypskommentaren

Men vad menade då fader Clorivière med att "i enlighet med de Heliga Skrifternas fruktansvärda ord, Sanningens sol skall förmörkas"? Att detta syftar på profetiorna i den Heliga Skrift och då framför allt på Johannes' Uppenbarelse 6:12 är ju ganska uppenbart:[38]

Och jag såg, då det [Lammet] öppnade det sjette sigillet, och se, det vardt en stor jordbäfning, och solen vardt svart som en hårsäck, och hela månen vardt som blod.

Under sin långa vistelse i gömstället på rue du Cassette sysselsatte sig fader Clorivière framför allt med sin stora kommentar till Apokalypsen, *Explication littérale du texte de l'Apocalypse*. Som för så många andra samtida betraktare - och särskilt för de mest klarsynta - framstod nämligen för honom revolutionen som något alltigenom oerhört, för vars tydning endast ett apokalyptiskt-metafysiskt perspektiv kunde ge tillfredsställande utgångspunkter.[39] Kända är t.ex. de högst konkreta tillämpningar

---

[38] Profetian om solens förmörkande återfinns på många ställen i den Heliga Skrift: Is. 13:10, Esek. 32:7-8, Joel 2:10, Matt. 24:29, Mark. 13.24. Här citeras efter Benelius' översättning av Nya Testamentet.

[39] Även om det finns en hel del specialstudier av olika aspekter av den katolska apokalyptiken och dess historia, saknas en gedigen övergripande behandling av ämnet. Apokalyptikens historia utgör idag förvisso ett mycket livaktigt forskningsområde som dock helt kommit att domineras av forskare som utgår från sekulära och andra okatolska ståndpunkter, såsom man enkelt

av Uppenbarelsebokens profetior på den revolutionära händelseutvecklingen som gjordes av Jacques Cazotte,[40] en f.d. adept i den exklusiva esoteriskt-ockulta frimurarorden *Élus Coëns* och lättsinnig litteratör på modet, vilken sedan han kommit till insikt om upplysningstänkandets och den martinistiska esoteris-

---

kan förvissa sig om genom att konsultera den relevanta lärda litteraturen, som vi dock väljer att endast undantagsvis referera här. Det finns också en uppsjö av studier författade av protestantiska kyrkomän, såsom de synnerligen omfattande, men ålderstigna standardverken av Elliot och Froom, men då dessa präglas av bekymmersamma teologiska utgångspunkter, ofta i kombination med mer eller mindre förbittrad antikatolsk polemik, kommer vi inte att referera denna litteratur här.

En ganska omfångsrik och på många sätt förtjänstfull och insiktsfull ansats till ett översiktsverk över den katolska apokalyptiken är Joachim du Plessis de Grenédans trebandsstudie om "le sens de l'histoire" från 1930-talet: J. du Plessis: *Le sens de l'histoire: La caravane humaine*, Librairie Plon, 1932, *Le sens de l'histoire: Les derniers temps d'après l'histoire et la prophétie I. Prophéties évangeliques*, S. Pierre, S. Paul, Desclée de Brouwer, s.a. (1937), och *Le sens de l'histoire: Les derniers temps d'après l'histoire et la prophétie II. L'Apocalypse de Saint Jean*, Éditions Téqui, 2:a utg., s.a. (1940?). Om författaren till detta verk och hans märkliga levnadsöde kan man för övrigt inhämta närmare underrättelser i den ganska nyutkomna biografien T. Catta, J. d'Avigneau: *Chemins de la Grâce: Joachim du Plessis de Grenédan 1870-1951: De la Faculté Catholique d'Angers à l'abbaye cistercienne de Bellefontaine*, Cahiers Cisterciens, Des lieux et des temps, No. 12, Éditions de Bellefontaine - ARCCIS, 2008. Även L. Castellani: *El Apokalypsis de San Juan*, Biblioteca Dictio, Vol. 10, 4:e uppl., Ediciones Dictio, 1977, refererar en mängd katolsk litteratur i ämnet och ger med utgångspunkt från de olika visionerna i Uppenbarelseboken en lärd översikt över mycket av det katolska tänkandet på området. Det finns ett ringa antal specialstudier som befattar sig med just den katolska apokalyptiken under Clorivières tidevarv och däromkring, som K. G. C. Newport: *Apocalypse and Millennium: Studies in Biblical Eisegesis*, Cambridge University Press, 2000, ss. 66-90, B. Thurston: *The Little Horn: Apocalyptic Literature of the Consulate and Empire*, French Studies, Vol. LVIII, No. 2, 2004, ss. 163-176, C. Maire: *Les jansénistes et le millénarisme: Du refus à la conversion*, Annales Histoire, Sciences Sociales, No. 1, Vol. 63, 2008, ss. 7-36 och den tyvärr extremt tendentiösa P. Airiau: *L'Église et l'Apocalypse du XIX siècle à nos jours*, Berg International Éditeurs, 2000.

[40] J. Cazotte: *Oeuvres badines et morales, historiques et philosophiques de Jacques Cazotte*, Tome premier, Jean-François Bastien, 1816, s. 82ff.

mens fördärvlighet och brutit med dessa, gjort sig känd som en ivrig katolik och rojalist, som i den franska revolutionen såg en inkarnation av Satan själv, och slutligen - såsom han för övrigt själv skall ha profeterat om - blev ett av dess otaliga offer då han den 25 september 1792 tvangs bestiga schavotten. Och Joseph de Maistres på oförglömlig prosa presenterade uttydning av revolutionen som ett gudsstraff, för övrigt faktiskt föregripen av fader Clorivière, tillhör ju den kontrarevolutionära idétraditionens mest välkända skatter.[41] Utomordentligt stor uppmärksamhet och häftiga teologiska kontroverser väckte också vid denna tid den chilenske jesuiten Manuel Lacunzas under pseudonymen Juan Josafat Ben-Ezra författade och 1790 avslutade verk om Messias' återkomst i ära och majestät, vilket som en löpeld spreds i avskrifter och pirattryck över världen.[42]

---

[41] J. de Maistre: *Considérations sur la France,* nouvelle édition, Louis Lesne, Imprimeur-Libraire, 1847, s. 9ff.

[42] Se A.-F. Vaucher: *Une célébrité oubliée: Le P. Manuel de Lacunza y Diaz (1731-1801) de la Société de Jésus auteur de "La Venue du Messie en gloire et majeŝté",* Imprimerie FIDES, 1941, A.-F. Vaucher: *Lacunziana: Essais sur les prophéties bibliques,* Imprimerie FIDES, 1949 och L. Castellani: *Criŝto ¿vuelve o no vuelve?,* Ediciones Vórtice, 4:e uppl., 2003 s. 41ff.

Sedan jesuiterna fördrivits från den spanska kronans områden 1767, slog sig Lacunza tillsammans med en del andra chilenska jesuiter ned i Imola i Italien, där han ägnade sig åt grundliga studier av den Heliga Skrift och kyrkofädernas skrifter och särskilt då av profetiorna om de yttersta tiderna, vilka han menade nu stod för dörren. År 1790 avslutade han sitt omfattande verk *La venida del Mesías en gloria y mageŝtad* som därefter började cirkulera i avskrifter i Sydamerika och Europa och efter Lacunzas död 1801 trots ett växande kyrkligt motstånd utkom från trycket i en rad upplagor och översättningar, varav den första såg dagens ljus i Spanien kring 1810. Sedan verket översatts till engelska av presbyterianen och sedermera sektgrundaren Edward Irving på 1820-talet, kom det att röna en betydande popularitet bland diverse apokalyptiskt orienterade protestantiska sekter som t.ex. milleriterna, d.v.s. föregångarna till våra dagars sjundedagsadventister, och att bidra till de kiliastiska spekulationernas popularitet i dessa kretsar. Trots att verket placerades på index 1824 efter att ha granskats av kardinal Fontana, som då var prefekt för indexkongregationen och som vi kommer att återkomma till nedan, och flera andra lärda teologer, vilka dock inte var eniga i sina invändningar,

Och när Rom intogs av general Berthier 1798 och påven Pius VI därefter fördes bort för att dö i fångenskap väckte detta en svallvåg av all sköns apokalyptiska spekulationer till liv, i synnerhet i protestantiska kretsar, där man nu trodde att det i dessa sedan länge efterlängtade slutet för påvens och den katolska Kyrkans övervälde till sist anlänt.[43] Även om dessa protestantiska förväntningar snabbt kom på skam, avklingade på intet sätt intresset för apokalyptiska tolkningar och profetior vare sig bland katoliker eller bland protestanter, utan de många historiska omvälvningarna och peripetierna ackompanjerades tvärtom av ständigt nya sådana.[44] Exempelvis kom många att identifiera den blodtörstige Napoleon med Antikrist eller peka ut honom som en föregångare till Antikrist eller som den i Apokalypsen omnämnde Apollyon, avgrundens ängel, med vilken han ju ägde en slående namnlikhet.[45] Fader Clorivières ordensbroder abbé Jean-Baptiste Fiard pekade på hur den hedniska ockultismens återkomst med dess åtminstone implicita demonolatri och djävulspakter genom sådana för Upplysningstiden typiska fenomen som mesmerismen, illuminismen och frimureriet tycks bereda vägen för och stå i gåtfullt samband

---

finns det fortfarande ett visst intresse för Lacunzas idéer även i katolska kretsar, särskilt i Sydamerika.

[43] Se t.ex. Thurston a.a. och R. R. Nelson: *Apocalyptic Speculation and the French Revolution,* Evangelical Quarterly, Vol. 53, October-December 1981, ss. 194-206.

[44] På den katolska sidan utkom det många mer eller mindre omfattande samlingar av dylika profetior som t.ex. J.M. Curicque: *Voix prophétiques ou signes, apparitions et prédictions modernes touchant les grands événements de la Chrétienité au XIXe siècle et vers l'approche de la fin de temps,* Tome I-II, 5:e uppl., Victor Palmé, Éditeur, 1872.

[45] Så S. Jean L'Évangéliste (pseud. J. Wendel-Würtz): *Les précurseurs de l'Antechriſt; Hiſtoire prophétique des plus fameux impies qui ont paru depuis l'établissement de l'Église jusqu'à nos jours; ou la Révolution française prédite,* Septième édition, Rusand, 1822, s. 182ff., ett verk som kom ut i sin första upplaga 1816. Fader Wendel-Würtz var för övrigt andlig vägledare till den vördnadsvärda Pauline-Marie Jaricot.

med revolutionen med dess demoniska masshysteri, blasfemier och förstörelselusta och såg häri tecken på att den yttersta tiden nu närmade sig, då enligt Johannes' Uppenbarelse 16:14 demonernas andar skall gå ut till konungarna på hela jorden för att samla dem till den stora striden vid Armagedon och då enligt 2 Tess. 2:9 Antikrist skall förleda folken "i följd af satans verksamhet med allehanda kraft och lögnaktiga tecken och under".[46]

Fader Clorivière berättar själv att han länge intresserat sig för Uppenbarelseboken, studerat den grundligt och också läst många kommentarer och teologiska verk om denna för att därigenom få en uppfattning om Kyrkans profetiska historia, men inte lyckats vinna någon större klarhet härom, förrän han eggad av de gräsligheter som begicks mot religionen under revolutionen återupptog sitt studium och efter upprepade läsningar och meditationer delgavs en rad insikter om hur dess svårtydda och hemlighetsfulla profetior bör tolkas.[47] I själva verket arbetade han med sin kommentar under närmare tjugo års tid under flera olika perioder, då han av omständigheterna tvangs till overksamhet: Han skrev stora delar 1792-94 i sitt gömställe på rue du Cassette, återupptog arbetet under några månader 1803 då han vistades i Aix-en-Provence och avslutade det 1805-08 då han satt fängslad p.g.a. sin tidigare omnämnde brorsons inblandning i ett attentat mot Napoleon.[48] Verket var efter att ha granskats och godkänts av den lärde barnabiten fader Fontana, som stod Pius VII mycket nära och sedermera förlänades kar-

---

[46] M. Abbé Fiard: *La France trompée par les magiciens et démonolatres du dix-huitième siècle, fait démontré par des faits,* Grégoire, Thouvenin, 1803 s. 191f. Dessa observationer utvecklades vidare av abbé Wendel-Würtz i s.n. (J. Wendel-Würtz); *Superstitions et prestiges des philosophes ou les démonolatres du siècle des lumières,* Rusand, 1817, som bl.a. analyserar den fallna änglavärldens inflytande i vår värld genom revolutionärer och "reformatorer".

[47] Se Terrien a.a. s. 473.

[48] Se C. Langlois a.a. s. 110.

dinalsvärdigheten, färdigt att tryckas kring 1810, men torde då ha stoppats av Napoleons hantlangare. Efter restaurationen var en tryckning åter på gång 1817, men blev av okänd anledning aldrig av.[49] Fader Fontana fäste så stort värde vid verket att han övertalade några fromma damer att göra en kopia för att försäkra sig om att det inte skulle gå förlorat i fall av en olyckshändelse. Även jesuitgeneralen fader Brzozowski gav sitt godkännande av och fulla stöd åt en utgivning av verket, som trots detta märkligt nog fortfarande inte befordrats till trycket.[50]

Clorivière byggde sin tolkning på en gammal exegetisk tradition som i Uppenbarelseboken velat se en symbolisk beskrivning av Kyrkans historia uppdelad i sju epoker, på olika aspekter av vilka de i denna skrift talrikt förekommande sjutalen (de sju församlingarna, de sju inseglen, de sju basunstötarna, vredens sju skålar o.s.v.) då ansetts syfta. Av de sju insegel som öppnas av Lammet tolkades tidigt det första inseglet (den segrande ryttaren på den vita hästen) som syftande på den kristna

---

[49] Terrien a.a. s. 476f.

[50] Utdrag har dock publicerats i Bazin a.a., P. de Clorivière (utg. J. Lebreton s.j): "Voilà Votre Mère". Extraits des œuvres du P. de Clorivère, 2ᵉ édition, Casterman, 1936, P. de Clorivière (utg. A. Rayez): Vie intérieure de la Vierge. Les quinze myŝtères du rosaire, Éditions de l'Orante, 1954, P.-J. de Clorivière (utg. C Reynier): Profil spirituel du chrétien, Parole et Silence, 2004 och C. Reynier: Prier 15 jours avec Pierre-Joseph de Clorivière, jésuite sous la Révolution, Nouvelle Cité, 2013. På Internet finns också ett tämligen omfattande utdrag om den sjätte tidsåldern publicerat: P. de Clorivière: Moyens dont les fidèles du sixième âge pourront faire usage, pour se prémunir contre les dangers auxquels le salut sera plus exposé dans cet âge que dans les âges précédents, se http://catholicapedia.net/Documents/cahier-saint-charlemagne/documents/C 415 P.de-Clorivieres moyens-6e-age 32p.pdf. Referat av innehållet står att finna i Terrien a.a. s. 473ff., Bellevüe a.a. s. 271ff. och J. Séguy: Des sociétés pour les temps de la fin: Le P. de Clorivière et l'Apocalypse, i Un fondateur dans la tourmente révolutionnaire: Pierre de Clorivière (1735-1820). Colloque du Centre Sèvres (22-23 nov. 1985). Actes du Colloque public en l'honneur du 250ᵉ anniversaire de la naissance du P. de Clorivière organisé par les Filles du Cœur de Marie, l'Inŝtitut du Cœur de Jésus (Groupes Évangile et Mission) et les Facultés du Centre Sèvres, Christus, Nr. 131 hors série, Assas-Éditions, 1986, s. 111ff.

trons snabba utbredande under Kyrkans äldsta tid och det sjätte inseglet (jordbävning, svart sol, månen såsom blod, stjärnornas fall från himmelen o.s.v.) som en symbol för Antikrists tidevarv. Detta sätt att tolka Uppenbarelsebokens profetior, ofta kallat *hiſtoricism,* är inte det enda möjliga,[51] och efter refor-

---

[51] Det finns tre huvudtyper av uppfattningar beträffande den tid som profetiorna i Uppenbarelseboken avser:

- **Historicism** innebär att vi befinner oss mitt i förverkligandet av profetiorna som antas gå i uppfyllelse steg för steg under historiens gång så att t.ex. de i Uppenbarelseboken omnämnda sju sigillen, basunerna och vredesskålarna kan knytas till faktiska historiska skeenden och användas för att periodisera historien. Historicismen går tillbaka till Kyrkans äldsta tid och återfinns i rudimentär form redan på 200-talet hos Victorinus av Pettau i den äldsta apokalypskommentar som vi har i behåll. Andra tidiga företrädare för denna teori är Primasius (500-talet), Beda Venerabilis (672-735) och Haimo (800-talet). Ståndpunkten återfinns under medeltiden i *Glossa Ordinaria,* men utvecklades kraftigt av de s.k. tyska symbolisterna Anselm av Havelberg (d. 1158) och Rupert av Deutz (1100-talet), som införde en tydlig historisk periodisering med utgångspunkt från Uppenbarelsebokens sju sigill (se H. D. Rauh: *Das Bild des Antichriſt im Mittelalter: Von Tyconius zum deutschen Symbolismus,* Beiträge zur Geschichte der Philosophie und Theologie des Mittelalters, Neue Folge, Band 9, Aschendorff, 1973, s. 276ff. och B. McGinn: *Visions of the End: Apocalyptic Traditions in the Middle Ages,* Records of Civilization: Sources and Studies, Vol. XCVI, Columbia University Press, 1998, s. 108ff.), samt av Joachim av Fiore och hans många efterföljare - för en litteraturöversikt m.m. se E. Persson: *Joachim of Fiore and Amalric of Bène and the Origins of "the Immanentization of the Eschaton",* i P. Sandin, M. Wifstrand Schiebe (utg.): *Dais Philēsiſtephanos. Studies in Honour of Professor Staffan Fogelmark Presented on the Occasion of his 65th Birthday 12 April 2004,* Dahlia Books, 2004, ss. 149-230.

- **Futurism** innebär att profetiornas uppfyllelse helt och hållet eller huvudsakligen förlägges till framtiden. Denna uppfattning går av naturliga skäl tillbaka till äldsta tid, men framlades i mer systematisk form först i en stor kommentar till Uppenbarelseboken av jesuiten Francisco Ribera (1537-1591), som för övrigt också var S:ta Teresas av Avila biktfader, och av hans berömde ordensbroder kardinal Bellarmine (1542-1621) i dennes vederläggningar av de pro-

mationen, vars apokalypstolkning i allmänhet var historicistisk
med starkt antikatolsk tendens, blev ståndpunkten ganska
ovanlig bland katolska uttolkare, men har ändå haft många be-
märkta företrädare som den vördnadsvärde Bartholomäus
Holzhauser (1613-1658), abbé de la Chétardie (1636-1714),
Laurent-Étienne Rondet (1717-1785), biskop Charles
Walmesley (1722-1797), abbé Wendel-Würtz (1760-1826) och

---

testantiska heretikernas idéer. Även flera andra jesuitiska exegeter
som portugisen Blasius Viegas (1554-1599) och den store bibel-
kommentatorn Cornelius a Lapide (1567-1637) liksom den nyss
omnämnde Manuel Lacunza anslöt sig till den denna ståndpunkt.

- **Preterism** innebär att profetiorna i huvudsak anses ha gått i full-
  bordan redan under antiken, t.ex. i samband med Neros, Do-
  mitianus' eller Diocletianus' kristendomsförföljelser, Jerusalems
  förstörelse år 70 och Romarrikets fall under 300- och 400-talet.
  Som den förste som systematiskt försökt tolka Uppenbarelseboken
  på detta sätt brukar nämnas jesuiten Luis de Alcasar (1554-1613),
  som i det postumt publicerade *Veſtigatio arcani sensus in Apocalypsi*
  (1614) använde denna tolkning som ett vapen i polemiken mot re-
  formatorerna. Även den store biskop Bossuet (1627-1704) och bi-
  belexegeten abbé Calmet (1672-1757) anslöt sig till denna stånd-
  punkt i sina apokalypskommentarer. Men i själva verket kan man
  finna preteristiska synpunkter långt tidigare, ja, redan under anti-
  ken, t.ex. hos Eusebius.

Vid sidan av ovanstående tolkningsmodeller förekommer symboliskt-allego-
riska tolkningar, där innehållet i profetiorna inte fattas som syftande på hän-
delser i historien, utan allegoriseras på olika sätt (**idealism**). Ett annat eris-
äpple inom apokalyptiken gäller tolkningen av de i Apokalypsens tjugonde
kapitel omnämnda tusen åren, som av somliga fattas som bokstavligen syftan-
de på ett mer eller mindre jordiskt lyckorike där Kristus jämte helgonen skall
regera under tusen år (kiliasm, millenarism), men av de flesta katolska uttol-
kare sedan Augustinus istället tolkats som en symbol för Kyrkans andliga pri-
mat på jorden under seklerna mellan Kristi första och andra tillkommelse.
Man kan notera att bland de katolska teologer som varit framträdande inom
apokalypsstudiet har påfallande många liksom fader Clorivière varit jesuiter.

under 1900-talet Msgr. Eyzaguirre, kardinal Billot, greve du Plessis och delvis också fader Leonardi Castellani.[52]

För Clorivières del torde särskilt *The General History of the Christian Church from her Birth to her Final Triumphant State in Heaven Chiefly Deduced from the Apocalypse of St. John the Apostle and Evangelist*, ett verk författat av den engelske benediktinen och biskopen Charles Walmesley under pseudonymen "Sign. Pastorini"[53], ha varit av betydelse som inspirationskälla jämte ett antal vid den tiden välkända bibelkommentarer såsom den s.k. "Bible de Vence" och de la Chétardies Apokalypskommentar, vilka för övrigt utgör viktiga utgångspunkter även för biskop Walmesley.[54] Grunden för biskop Walmesleys exeges

---

[52] B. Holzhauser: *Prophezeiungen: Visionen und Auslegung der Apokalypse,* Prophezeiungen berühmter Seher aller Zeiten, Band 3, Kreuz-Verlag, 1972 s. 111ff., J. Trotti de la Chétardie: *L'Apocalypse expliquée par l'histoire ecclésiastique,* i M. de la Chétardie (utg. J.-P. Migne): *Œuvres complètes de M. de la Chétardie, Curé de Saint-Sulpice,* Tome premier, J.-P. Migne, Éditeur, 1857, ss. 666-1046, S. Jean L'Évangéliste (pseud. J. Wendel-Würtz) a.a., R. Eyzaguirre: *Apocalipseos interpretatio litteralis ejusque cum aliis libris sacris concordantia,* Officina Unionis Editricis, 1911 s. 15ff., L. Billot: *Prophéties de l'Histoire,* Éditions de l'Homme Nouveau, 2007, s. 45ff., du Plessis a.a. del III, Castellani a.a. 1977 s. 26ff. och Castellani a.a. 2003 s. 57f.

[53] Sig. Pastorini: *The General History of the Christian Church from Her Birth to Her Final Triumphant State in Heaven, Chiefly Deduced from the Apocalypse of St. John the Apostle,* 1771. Mer om biskop Walmesley och hans apokalypsstudier kan man finna i G. R. Hudleston: *Walmesley, Charles,* The Catholic Encyclopedia, The Encyclopedia Press, Inc., 1913, Vol. XV, ss. 539-540 och G. Scott: *'The Times are Fast Approaching': Bishop Charles Walmesley OSB (1722-1797) as Prophet,* Journal of Ecclesiastical History, Vol. 36, No. 4, October 1985, ss. 590-604, vars huvudtes om biskop Walmesleys newtonianska utgångspunkter dock förefaller förhastad och ha sin grund i att artikelförfattaren förbisett det inflytande på Walmesley som de i "Bible de Vence" anonymt publicerade, av Laurent-Étienne Rondet författade, dissertationerna övat.

---

[54] Séguy a.a. driver tesen om Walmesleys helt avgörande betydelse för fader Clorivières apokalypstolkning med utgångspunkt från en i apokalypskommentaren befintlig passus, vilken han dock tyvärr endast åberopar sig på, men inte citerar. Det förefaller dock som om andra källor också kan ha varit nog så

är antagandet att Uppenbarelseboken beskriver Kyrkans histo-
ria uppdelad i sju epoker, där varje sigill som öppnas av Lam-
met står för en epok i Kyrkans historia med särskilt avseende på
Kyrkans formering och utbredning och det motstånd denna
möter under epoken, medan basunstötarna står för olyckor
som drabbar Kyrkan under epoken i form av t.ex. förföljelser,
yttre fiender eller heresier och vredesskålarna för de straff som
Kristus sänder över Kyrkans fiender.[55] Även stora delar av Up-
penbarelseboken som inte direkt beskriver sigillen, basunstötar-
na och vredesskålarna kan enligt Walmesley tillordnas de olika
epokerna, ehuru han i likhet med de la Chétardie och "Bible de
Vence", men i motsats till Clorivière inte kopplade samman de
sändebrev till de sju församlingarna i Mindre Asien som nämns

---

viktiga: T.ex. innehåller den s.k. "Bible de Vence" *Sainte Bible en Latin et en
François avec des notes littérales, critiques et historiques, des préfaces et des disser-
tations, tirées du Commentaire de Dom Augustin Calmet, Abbé de Senones, de
M*. l'Abbé de Vence, & des Auteurs les plus célèbres, pour faciliter l'intelligence de
l'Écriture-Sainte,* 2:a utg., Tome Seizième, Antoine Boudet, Imprimeur du
Roi/La Veuve Desaint, Libraire/François-Barthelemi Merande, Imprimeur-
Libraire, 1773, på ss. 55-644 ett *Préface sur l'Apocalypse,* på ss. 645-715 en
Dissertation sur les sept âges de l'Église och på ss. 716-784 en *Dissertation sur le
sixième âge de l'Église,* vari man kan finna en hel del intressanta likheter med
Clorivières tolkningar. Man kan t.ex. fråga sig i vilken mån en sidorubrik som
denna, vilken återfinns på s. 659, skulle kunna sägas förebåda eller rent av
kan ha bidragit till att inspirera fader Clorivières idéer om den sjätte tidsål-
dern: "VIII. Ouverture du sixième sceau: Révolution qui éclatera dans le
sixième âge". Dessa tre dissertationer som torde ha författats av Laurent-
Étienne Rondet tar i sin tur sin utgångspunkt i abbé Joachim Trotti de la
Chétardies historicistiska läsning av Apokalypsen som en profetia om hela
Kyrkans historia. Om de la Chétardie kan man inhämta mer i J. Baudet:
Joachim de la Chétardie (1636-1714) Curé de Saint-Sulpice, Bulletin et mé-
moires, Société archéologique et historique de la Charente, 1988, ss. 22-59.

[55] Att bruket av sjutalet i Johannes' Uppenbarelsebok nog går ännu längre på-
pekas av du Plessis a.a. 1940 (?) s. 8off., som där finner följande sjutal: sju
brev, sigill, trumpetstötar, tecken, skålar, triumfatoriska bilder och tordön.
Det kan vara intressant att notera att även i Johannes' evangelium spelar sju-
talen en central roll, vilket kan anföras som ett argument för att samme Jo-
hannes är författare till såväl evangeliet som Uppenbarelseboken.

i dess andra och tredje kapitel med de sju tidsåldrarna.[56] Idag är väl biskop Walmesleys verk i stort sett bortglömt utanför en liten krets av specialister på apokalyptikens historia, men under 1700- och 1800-talet fann det en betydande läsekrets och gavs ut i nio eller tio engelska och fem amerikanska utgåvor, vartill kommer översättningar till latin, franska, tyska och italienska.[57] Inte minst sågs hans verk som en katolsk vederläggning av Jakob I:s och Isaac Newtons extravaganta protestantiska apokalypstolkningar.

Biskop Walmesley, liksom vissa andra katolska apokalypsuttolkare som tillämpat en historicistisk tolkningsmodell såsom t.ex. den vördnadsvärde Bartholomäus Holzhauser[58], vars interpretationer dock varken han eller fader Clorivière verkar ha ägt kännedom om, menade att Kyrkan alltsedan reformationen var inne i sin femte epok, som enligt Holzhauser och Clorivière skulle motsvara Sardes' församling. Han avviker här ifrån och polemiserar mot vissa andra katolska uttolkare som t.ex. den store biskopen Bossuet, som i sin apokalypskommentar tillämpat en preteristisk tolkning och således gjort gällande att Uppenbarelsebokens profetior i sin helhet med samtliga sju tidsåldrar redan hade avverkats under antiken. Fader Clorivière, som alltså tycks ha utgått från Walmesleys historicistiska tolkning, kom att dra slutsatsen att den franska revolutionen troli-

---

[56] Det skulle vara intressant att närmare undersöka hur det kommer sig att fader Clorivière på denna punkt avviker från sina föregångare. Det kan noteras att Bartholomäus Holzhauser också integrerar de sju församlingarna i sin tolkning av tidsåldrarna liksom abbé Wendel-Würtz, som i sina uttolkningar, författade några år efter Clorivières, i stora drag synes följa den av de la Chétardie och "Bible de Vence" banade vägen. Jfr också Billot a.a. som genom en snillrik etymologisk uttolkning av församlingarnas namn gör sändebreven till själva grunden för sin egen epokindelning av Kyrkans historia.

[57] Hudleston a.a. s. 540.

[58] En koncis översikt över Holzhausers periodisering återfinns i F. Mershman: *Holzhauser, Bartholomew,* The Catholic Encyclopedia, The Encyclopedia Press, Inc., 1913, Vol. VII, ss. 439-440.

gen utgjorde slutet på denna femte epok och början på den sjätte och näst sista epoken i Kyrkans historia, vilken symboliseras av Filadelfias församling.[59]

Fader Clorivières apokalypskommentar består av tre delar[60]: Den första delen behandlar de fem första tidsåldrarna i Kyrkans historia och den andra delen de sjätte och sjunde tidsåldrarna som enligt honom alltså torde vara omedelbart förestående, medan den tredje delen består av en noggrann uttolkning av Uppenbarelsebokens två sista kapitel. Den del som han kom att lägga ned särskild omsorg på är den andra, vilken i sin tur består av fyra typer av kommentarer, mellan vilka skotten inte alltid är så vattentäta: En "bokstavlig" kommentar i vilken bibelordets bokstavliga innebörd utlägges[61], en "historisk", vari görs en försiktig tillämpning på det historiska händelseförloppet, en "moralisk" som förklarar hur de kristtrogna bör förhålla sig inför utvecklingen för att bevara sin tro under de svåra prövningar som vore för handen och slutligen en "politisk" del, i vilken diskuteras vad som behöver göras av såväl de civila som de kyrkliga myndigheterna för att återupprätta den kristna tron, om Kyrkan åter får ro och förföljelserna upphör, såsom t.ex. att förbjuda dålig och uppmuntra god litteratur, återge åt gudstjänsten hela dess gudomliga glans, förbättra religionsundervisningen och vaka över ungdomens skolning, återupprätta jesuitorden, som ju var särskilt inriktad på de nämnda syftena, utplå-

---

[59] Abbé Wendel-Würtz som var samtida med fader Clorivière, kom också att dra slutsatsen att en övergång från den femte till den sjätte tidsåldern skedde kring 1800, men lät den femte tidsåldern vara 800-1800, d.v.s. från Karl den store till Napoleon, i vilken han som redan påpekats menade sig kunna igenkänna Apollyon, avgrundens ängel, och kunde på så sätt identifiera denna period med de tusen år då Kristus och helgonen regerar på jorden (Upp. 20). Se S. Jean L'Évangéliste (pseud. J. Wendel-Würtz) a.a. s. 101ff. I detta avseende föregriper han för övrigt kardinal Billot, bortsett från att denne lät den tredje och inte den fjärde epoken vara 800-1800 (se Billot a.a. s. 48ff.).

[60] Terrien a.a. s. 473f.

[61] Enligt Langlois a.a. s. 110 har denna del gått förlorad.

na de ljusskygga sekter som arbetar för att undergräva religionen och sederna samt att strängt straffa offentliga angrepp riktade mot Guds majestät.[62]

Han överväger också hur de som avfallit under revolutionsåren skall kunna återvinnas för tron och göras övertygade om dess sanningar.[63] Av särskilt intresse är hans diskussion om den falska frihet som revolutionärerna predikade för att lura med sig massorna, en frihet som slutade i sin raka motsats och som i själva verket endast avsåg att frigöra människan från den gudomliga lagen och varje plikt mot Gud och henne själv.[64] Han påpekar också hur det katolskt grundade samhällsskick som rådde under *l'ancien régime* vida överträffade den franska revolutionens av armod och all sköns brutalitet, gudlöshet, massak-

---

[62] Langlois a.a. s. 119. Clorivières politiska program kom delvis att förverkligas under restaurationen, även om tillämpningen ibland blev ganska slapp, något som så småningom kom att bereda vägen för nya revolutioner och politiska katastrofer. Liksom sina ordensbröder abbé Barruel och abbé Fiard och många andra initierade bedömare var fader Clorivière övertygad om att en omfattande konspiration av allehanda gudlösa radikala element, frimurare m.fl., vilka i själva verket fungerade som verktyg för ondskans makter och djävulen, låg bakom utvecklingen under revolutionen, vars mest slående karakteristikum ju var dess våldsamma hat mot den kristna religionen. Fader Clorivière och abbé Barruel var väl bekanta med varandra, även om de historiska källorna inte ger oss mycket att ta fasta på i frågan om och i vilken mån de kan ha influerat varandra: Se J. Gagarin: *Souvenirs du P. Grivel sur les Pp. Barruel et Feller*, Contemporain, Juillet 1878, ss. 49-70 (särskilt s. 64), Terrien a.a. s. 629ff. och M. Riquet: *Augustin Barruel: Un jésuite face aux Jacobins francs-maçons 1741-1820*, Beauchesne, 1989, s. 139 för några antydningar. Abbé Barruels stora verk om konspirationerna bakom den franska revolutionen har sedan det först utgavs 1797-98 kommit i otaliga utgåvor och nytryck som t.ex. A. Barruel: *Mémoires pour servir à l'Histoire du Jacobinisme*, Tome 1-2, Diffusion de la Pensée Française, 1973 och har också översatts till de flesta stora världsspråken, däribland också svenska (i sammandrag) som Abbé Barruel: *Sammandrag af handlingar till jacobinismens historia*, Del I-II, Lect. A. J. Segerstedt, 1811.

[63] Langlois a.a. s. 112ff. och s. 121ff.

[64] Langlois a.a. s. 125.

rer och gräsligheter präglade samhälle vad beträffar ordning, seder och lycka.[65] I sina analyser påminner Clorivière om och föregriper delvis andra kontrarevolutionära mästare som Maistre, Bonald och Barruel.[66]

Under hela kristendomens historia har enligt fader Clorivière djävulen gjort allt för att uppmuntra förföljelser mot Kyrkan liksom avfall, heresier, schismer o.s.v. och hans antikristna raseri och frenesi trappas ständigt upp, men detta till trots har Kyrkan vuxit till och utbrett sig över världen.[67] Den första epoken (Efesos) utmärktes av kristendomens snabba utbredning bland hedningarna trots svåra förföljelser från de romerska myndigheterna.[68] Under den andra epoken (Smyrna) som inleds av kejsar Konstantins omvändelse får Kyrkan åtnjuta yttre fred, men Satan sätter in sina stötar genom att underblåsa ett stort antal villoläror. Under den tredje tidsåldern (Pergamon) möts Kyrkan av nya faror i form av Romarrikets fall, invasionen av germanska barbarfolk och islams uppkomst, men utbreder sig ändå. Den fjärde epoken (Tyatira) innebär yttre motgångar genom islams expansion, den grekiska schismen och det ottomanska rikets etablerande, men också en stor blomstringstid för Kyrkan i det kristna Europa. Under den femte epoken (Sardes) inträffar reformationens katastrof, vilken dock i viss mån kompenseras genom Amerikas omvändelse och den andliga blomstring som följde efter motreformationen och det tridentinska konciliet och bl.a. kommer till synes i ett stort antal berömda helgon och ett luttrat och helgat prästerskap. Som en

---

[65] Jfr Sedillot a.a.

[66] Se Langlois a.a. s. 130.

[67] En kort sammanfattning av Clorivières lära om Kyrkans åldrar återfinns i Séguy a.a. s. 111-133. Nedanstående framställning bygger i huvudsak på denna.

[68] Biskop Walmesley gör följande epokindelning: första tidsåldern 33-320, andra tidsåldern 320-406, tredje tidsåldern 406-620, fjärde tidsåldern 620-1520 och femte tidsåldern från 1520.

förbannelse över världen vilade dock reformationens andliga arv som alltmer utvecklas mot en indifferentism och otro, vars destruktiva kraft kom i öppen dag i den franska revolutionen, som alltså enligt Clorivière troligen bör förstås som inledningen till den sjätte epoken (Filadelfia) av Kyrkans historia. I gränslandet mellan denna och den föregående epoken tänker han sig att Kyrkan kommer att få en kort frist för förnyad krafthämtning under jungfru Marias och den Helige Andes beskärm, något som har jämförts med Grignion de Montforts tankar om en kommande mariansk tidsålder.[69]

Den sjätte tidsåldern kommer enligt fader Clorivières förmodan att vara ganska "kort" - vad som nu menas med detta i dessa sammanhang -, men rymma en rad händelser som hör den yttersta tiden till såsom de kristna folkens avfall, vars början han kunnat iakttaga med egna ögon under revolutionen, evangeliets predikande för de folk som ännu inte hört det och judarnas återkomst till det Heliga Landet och slutliga omvändelse. Kyrkan kommer under denna tid att genomgå hemska förföljelser och blodbad, mängder av kristna kommer att avfalla och många biskopar och präster "att mista sitt ljus". Dessa vedermödor kommer att nå sitt klimax i slutet av den sjätte tidsepoken, då orättfärdighetens människa, Antikrist, kommer att uppträda för att underkuva hela jorden och etablera en antikristen världsstat. Han kommer att åstunda att dyrkas som en gudom, men mot honom och hans anhängare kommer "de två vittnena" Elias och Henok att uppträda, sekunderade av apostoliska sällskap av den typ som Clorivière själv grundat: Elias kommer att vända sig till judarna som då återvänt till Palestina, medan Henok tar sig an de hednafolk för vilka evangeliet ännu inte predikats, bl.a. muslimerna. Såväl judarna som hednafolken kommer att omvända sig en masse, och dessa konvertiter kommer att kompensera Kyrkan för "det stora avfallet" som

---

[69] Se Séguy a.a. s. 128f.

skett i de gamla kristna länderna. De bägge vittnena kommer att lida martyrdöden, men Gud återuppväcker dem och åstadkommer att "det stora Babylon", huvudstaden och sinnebilden för det antikristna världsregementet, faller, varefter Kyrkan får njuta en kort respit av fred. Slutligen måste dock dess ledare, den Helige Fadern och hans närmaste män, ta sin tillflykt till "öknen", d.v.s. det nu kristnade judafolket i Palestina, vilket i botgöring för sina tidigare synder med stor nitälskan går in för den kristna trons utbredning bland hedningarna, varvid också många judar modigt möter martyrdöden.

Det är svårt att inte bli imponerad över hur mycket av det som fader Clorivière för mer än 200 år sedan förutsade om den sjätte epoken som verkligen gått i uppfyllelse, även om en del av detta skett på ett sätt som han som sjuttonhundratalsmänniska inte kunnat ana, medan annat ännu endast verkar vara i sin linda eller inte inträffat alls - ännu. Det kan vara intressant att notera att även om Clorivières verk på ett plan utgör en frukt av lärda mödor, den kyrkliga exegetiska traditionen och ett skarpt intellekt och han i detta oftast uttrycker sig mycket försiktigt och nyanserat och med stor ödmjukhet, nämner han själv att han leddes till studiet av de profetiska texterna genom ett antal händelser vari han skönjer Försynens ledning och att han också av Gud erhållit en speciell nåd att tolka dessa texter, sedan han enträget bett Gud därom.[70]

Den sjunde tidsåldern (Laodicea) kommer enligt fader Clorivière att vara kortare än den sjätte och rymma en rad katastrofer i form av krig och rykten om krig, pest, hungersnöd och jordbävningar, vilka utgör födslovåndorna som föregår Jesu Kristi återkomst. Dessa händelser utgör också prövningar för de kristna, som enligt Clorivières mening under denna tidsålder inte kommer att lida så mycket förföljelser. Slutligen kommer

---

[70] Se Séguy a.a. s. 130 och Bellevüe s. 272ff.

den stora Draken att återkomma från Helvetet, där han legat bunden, för att förvända synen på människorna och med hjälp av de två mot Gud förhärdade folkslagen Gog och Magog gå till våldsamt angrepp mot Kyrkan och de kristtrogna. De onda makternas besegrande följs av Jesu Kristi återkomst, den Yttersta Domen och världens rening genom eld, varpå Gudsriket, det himmelska Jerusalem, etableras.

Om man utgår från fader Clorivières tolkning, torde vi nu leva i den sjätte eller möjligen i den sjunde av Kyrkans sju tidsåldrar. Vår tids tongivande katolska teologer har inte ägnat läran om kyrkans sju tidsåldrar något större intresse, men bland de katolska tänkare som sysselsatt sig med den, vilket då oftast skett med den vördnadsvärde Bartholomäus Holzhausers tolkningar som utgångspunkt, varvid inte sällan och särskilt i Frankrike de gamla profetiorna om den store monarken och den änglalike påven då också givits en viktig roll[71], förefaller den vanligaste meningen vara att Kyrkan fortfarande är inne i den femte tidsåldern.[72]

---

[71] I A. Konzionator (pseud. F. Spirago, utgiven och bearbetad av K. Leopold): *Der kommende Große Monarch und die unter ihm bevorStehende Friedenszeit nach dem Weissagungen hervorragender katholischer Seher aller Jahrhunderte*, Mediatrix-Verlag, 1992 inventeras ett stort antal profetior härom.

[72] Så t.ex. Billot a.a. s. 45ff. (som dock inte utgår från Holzhauser och låter den femte tidsåldern börja kring 1800), J. Vaquié: *Bénédictions et malédictions: Prophéties de la révélation privée*, 3 uppl., Dominique Martin Morin, 1987, s. 48ff., Eyzaguirre a.a. s. 38ff. och R. Williamson: *Letters from the Rector of St. Thomas Aquinas Seminary*, Vol. 1, True Restoration Press, 2008, s. 203ff. L. Castellani a.a. 1977 s. 118ff. tycks, lutande sig mot en interpretation av Msgr. Eyzaguirre, överväga en epokindelning där den sjätte tidsåldern börjar med första världskriget. Jfr också L. Castellani a.a. 2003 s. 52f. och s. 57f. Liksom fader Clorivière förmodar du Plessis a.a. del III s. 124 att den sjätte tidsåldern, som symboliseras av Filadelfias församling, började i slutet av 1700-talet och inte kommit till ända när han författade sitt verk på 1930-talet.

Fader Clorivière skrev också kommentarer till Jesaja, Hesekiel, Klagovisorna och Höga Visan, inte heller dessa publicerade, samt en omfattande kommentar till Petrusbreven som däremot trycktes 1809.[73]

4. Tiden efter terrorn

Efter Robespierres avrättning den 29 juli 1794 avklingade terrorn och fader Clorivière kunde tidvis lämna sitt gömställe på rue de Cassette. Under det tidsavsnitt som varade från oktober 1795 till november 1799 och som brukar gå under beteckningen direktoriet, emedan Frankrike då styrdes av fem direktorer, avtog förföljelserna mot de kristna under perioder, varvid fader Clorivière lättare kunde ägna sig åt arbetet med sina bägge sällskap, som så sakteliga tillväxte i olika delar av Frankrike trots förföljelserna. Den 4 september 1797, den 18 fructidor enligt revolutionskalendern, ägde den s.k. fructidorkuppen rum, vilken åter förde jakobinerna till makten och satte ny fart på religionsförföljelserna och det övriga vanvettet. Clorivière återvände då till sitt gömställe och ägnade sig bl.a. åt att skriva andliga sånger med kateketiskt innehåll för barn i religionsundervisning. Den 9 november 1799, den 18 brumaire år VII enligt den revolutionära kalendern, tog så Napoleon makten genom den s.k. brumaire-kuppen och en tid av något minskat inre kaos i Frankrike och religionsförföljelsernas avklingande följde.

Fader Clorivière passade nu på att skicka ett par präster från Jesu hjärtainstitutet till Rom för att där försöka utverka påvens godkännande av de bägge sällskapen.[74] Den helige fadern Pius VII mottog i januari 1801 dessa välvilligt och förklarade

---

[73] M. P. D. C. A. J. (pseudonym för P. de Clorivière): *Explication des Épitres de Saint-Pierre*, Tome I-III, Librairie de la Société typographique, 1809

[74] Om interpretationen av detta besök handlar A. Rayez: *En marge des négociations concordataires: Le Père de Clorivière et le Saint-Siège (Décembre 1800 - Janvier 1801)*, Révue d'Histoire Ecclésiastique, Vol. XLVI, No. 3-4, 1951, ss. 624-68, Vol. XLVII, No. 1-2, 1952, ss. 141-162.

sig villig att godkänna sällskapens statuter. Dock ville han inte offentliggöra sitt godkännande i den känsliga politiska situation som rådde, där vad som helst kunde tolkas som en provokation av de franska revolutionära myndigheterna.

5. "La machine infernale" och Napoleon

Julafton 1800 exploderade en kärra lastad med krut på rue Saint-Nicaise, när Napoleons ekipage just passerat förbi på väg till Operan, och dödade ett antal personer och skapade stor materiell förödelse, dock utan att skada den förste konsuln själv.[75] Bakom attentatet låg en plan utarbetad av en av de kontrarevolutionära rojalisternas största hjältar, den legendariske Georges Cadoudal, som egentligen ville kidnappa Napoleon och föra honom bort från Paris. Under oklara omständigheter hade de sammansvurna, bland vilka också ingick fader Clorivières brorson Joseph-Pierre Picot de Limoëlan de Clorivière, som var en av de ledande officerarna inom chouanneriet, det katolsk-rojalistiska upproret i Bretagne och vissa andra områden i västra Frankrike, på eget bevåg ändrat planen till ett mordförsök, möjligen på initiativ av en av de ledande sammansvurna vid namn Pierre Robinault Saint-Régeant. Enligt vissa källor skall fader Clorivières brorson ha motsatt sig detta eller endast gått med på det motvilligt, då han inte tyckte att han kunde svika sina vapenbröder. En av konspiratörerna, en betjänt François-Joseph Carbon lyckades under sin flykt efter attentatet under falska förespeglingar få den hjärtegoda Mlle. de Cicé, som givetvis inte hade en aning om hans inblandning i mordförsöket, att ordna husrum åt sig. Strax därefter arresterades denne, varvid han under tortyr förrådde sina medsamman-

---

[75] Denna händelse beskrivs mer i detalj i M. A. de M. (pseud. A. de Martel): *Étude sur l'affaire de la Machine Infernale du 3 Nivose an IX*, E. Lachaud, Libraire-Éditeur, 1870, J. Lorédan: *La Machine Infernale de la rue Nicaise (3 nivôse an IX)*, Perrin et Cie, Libraires-Éditeurs, 1924, D. Darrah: *Conspiracy in Paris*, Exposition Press, 1953 och P. Le Bastart de Villeneuve: *Le vrai Limoëlan: De la Machine Infernale à la Visitation*, Beauchesne, 1984.

svurna och även började peka ut helt oskyldiga personer som Mlle. de Cicé.

Detta ledde till att Mlle. de Cicé internerades i ett fängelse för fallna kvinnor i Saint-Pélagie och alla hennes papper konfiskerades av polisen. I fängelset fann hon rika tillfällen för såväl lekamliga som andliga barmhärtighetsverk och vann så småningom ett stort antal kvinnor för Kristus genom sitt fromma och varma väsende och exempel. Trots hot om avrättning vägrade hon "avslöja" några medkonspiratörer. Efter ett antal månaders fängelsevistelse och en märklig rättegång, vari hundratals fattiga från hela Paris strömmat till för att vittna om hennes godhet och oskuld, frikändes hon till slut och släpptes från fängelset.

Polisen hade emellertid fått upp ögonen för fader Clorivières bägge sällskap, och då hans brorson Limoëlan, som alltså kämpat i Cadoudals styrkor i Bretagne och vars egen fader och kusin mött sina öden på schavotten, var en av dem som pekades ut av den olycksalige Carbon, började deras intresse också riktas mot fader Clorivière. Brorsonen flydde till Amerika, övergav sina tidigare planer på äktenskap med en from och högättad ung dam och skulle efter att ett tag ha försörjt sig som ingalunda oäven miniatyrmålare så småningom komma att bli katolsk präst i Charlestown i Sydkarolina och senare vid ett kloster i Georgetown. Fader Clorivière fann för gott att åter lämna Paris och resa till Rouen, dit också Mlle. de Cicé nu begav sig.

Den 15 juli 1801 undertecknades konkordatet mellan den Heliga Stolen och Napoleon, varefter fader Clorivière dristade sig att återvända till Paris, ehuru han även fortsättningsvis höll sig gömd. Mlle. de Cicé avreste för sin del till sin broder som blivit ärkebiskop av Aix i Provence. För att undgå polisens uppmärksamhet begav sig strax fader Clorivière också till Aix, där han jämte en av Jesuhjärtaprästerna, fader Perrin, avsåg predika missioner av det slag som han före revolutionen hade gjort i Bretagne. Därav blev dock intet, då ärkebiskopen inte ville provocera myndigheterna, utan istället fick de bägge prästerna nöja sig med att predika reträtter för andra präster och för ordensfolk, något som ledde till att de bägge sällskapen fick många nya kallelser. Den räddhågade Msgr. de Cicé hindrade dock av fruktan för myndigheterna sällskapen från att verka inom sitt eget stift, samtidigt som de emellertid tillväxte och utbredde sig på många andra håll. Eftersom han därför inte kunde göra mycket mer i Aix, gav sig fader Clorivière 1803 iväg därifrån och ut på en rundtur för att besöka sällskapen ute i landet och gav därvid också med biskoparnas medgivande reträtter och missioner, som ledde till ytterligare tillväxt för sällskapen. I januari 1804 avbröt han dock sin rundtur, sedan hans syster Thérèse de Gonzague gått hädan i visitantinneklostret på rue des Postes i Paris och återvände till huvudstaden. Här sysslade han bl.a. med att revidera diverse dokument som han skrivit för de bägge sällskapen och med att avsluta den 1775 påbörjade översättningen av Miltons "Paradise Lost", vilken dock aldrig trycktes.

6. Fängelsetiden

Den politiska situationen tillspetsades ånyo under våren 1804: Den kontrarevolutionäre hjälten Georges Cadoudal, varm katolik och rojalistisk general, hade under 1803 återvänt till Frankrike för att åter ta upp kampen mot Napoleon och revolutionen, men arresterades i mars 1804 och ställdes inför rätta för att till sist giljotineras den 25 juni samma år. Hans medsammansvurne general Jean-Charles Pichegru hade infångats något tidigare och hittades den 6 april hängd i sin cell. Napoleons hantlangare kidnappade den 15 mars hertigen d'Enghien, en av emigranternas förnämsta ledare, och mördade några dagar senare denne, med vilken huset Condé dog ut, en händelse som väckte en våg av indignation över hela Europa. Under rättegången mot Cadoudal kom fader Clorivières brorsons namn upp, vilket åter tycks ha riktat polisens misstankar mot den mystiske fader Clorivière, som till sist arresterades den 5 maj.

Polisen beslagtog också hans papper, som de granskade med stort nit, men givetvis utan att något misstänkt kunde ådagaläggas. Den ansvarige polisen M. Bertrand insåg att fader Clorivière var helt oskyldig, men arresteringsordern kom från högre ort, troligen från Bonaparte själv. Fångens betydelse för makthavarna antyds av det faktum att han placerades i samma rum i Tempeltornet som Ludvig XVI suttit fängslad i. Här skulle han förbli inspärrad i fyra år, varefter han flyttades över till Vincennes där han fick tillbringa ytterligare en kortare tid, sedan Napoleon fått för sig att riva Tempeltornet, alltså ett mångårigt fängelsestraff för en Kristi tjänare som aldrig under sin levnad begått någon brottslig handling! Den sista tiden som Napoleons fånge tvangs fader Clorivière t.o.m. tillbringa i ett av den tidens föga hemtrevliga sinnessjukhus. I samband med Napoleons kröning i december 1804 vädjade den Helige Fadern Pius VII själv till Bonaparte för Clorivière, ehuru till ingen nytta! Vid detta tillfälle ratificerade för övrigt den Helige Fadern ånyo de två sällskapen och gav också en privat audiens för Mlle. de Cicé.

Själv bar fader Clorivière sitt öde med föredömligt jämnmod, trots av fängelsevistelsen förvärrade ålderskrämpor som reumatism och tendenser till förlamning i höger arm, och utnyttjade tiden till mission och själavård bland sina talrika medfångar, för övrigt till största delen politiska fångar, till fortsatt skriftställarskap i Kristi tjänst, till korrespondens främst rörande de bägge sällskapen och givetvis till bibelstudium, bön och meditation. Den praktiska ledningen av de bägge sällskapen låg under Clorivières fängelsetid hos en fader Bourgeois, men han behöll själv det andliga ledarskapet. Han skrev nu också ett antal cirkulärbrev med andliga och moraliska råd för sällskapens medlemmar, brev som tillsammans kan sägas utgöra en formlig kurs i katolsk spiritualitet.[76] Hans korrespondens med enskilda med-

---

[76] P. de Clorivière: *Lettres circulaires 1799-1808,* Durassié et Cie, Imprimeurs, 1935

lemmar av sällskapen, inte minst Mlle. de Cicé, som fortfarande plågades av känslor av ovärdighet och otillräcklighet, var också under denna tid mycket omfattande och ger talrika vackra exempel på den vishet, omsorg och självutgivande kärlek som strömmar från ett hjärta i habituell union med Gud.[77]

Var det något han klagade över så var det att Mme. de Carcado, en av Mariehjärtedöttrarna, som utverkat tillåtelse att besöka honom två gånger per vecka, tog med sig alldeles för mycket mat, när han som han själv tyckte behövde göra sträng botgöring, och att myndigheterna förvägrade honom rätten att fira mässan i fängelset. Via Mme. de Carcados matkorg smugglades dock konsekrerade hostior in till honom så att han åtminstone kunde finna tröst i kommunionen. Hon fungerade också som kontaktperson med sällskapen och Mlle. de Cicé och framförde meddelanden och frågor till fader Clorivière och återgav sedan hans svar och råd för frågeställarna.

Hans skriftställarskap under fängelsetiden bestod främst i bibelkommentarer. Han slutförde först av allt sin omfattande kommentar till Petrusbreven[78], som dock inte kunde tryckas förrän efter hans frigivning 1809. Därnäst tog han itu med manuskriptet till Apokalypskommentaren, vilket han bearbetade och utvidgade tills det förelåg i tryckfärdigt skick. Tyvärr har det som sagt fortfarande inte publicerats. Märkligt är att manuskriptet väckte polismyndigheternas stora intresse, då de däri tydligen ett tag trodde sig se någon form av kodad konspiratorisk plan. Det var också under tiden i fängelset som fader Clorivière författade sina andra outgivna bibelkommentarer till Höga Visan och Klagovisorna, omfattande noter till Jesaja och de tolv mindre profeterna samt en teologisk avhandling om Hesekiels vision.

---

[77] Se fotnot 8 s. 3 ovan.

[78] M. P. D. C. A. J. (pseudonym för P. de Clorivière): *Explication des Épitres de Saint-Pierre*, Tome I-III, Librairie de la Société typographique, 1809

Tempeltornet revs 1808, varvid de flesta fångarna flyttades över till fängelsehålorna i slottet i Vincennes. Fader Clorivière kom endast att vistas några dagar i maj på denna hemska plats, innan han jämte några medfångar flyttades över till ett privat sinnessjukhus i Paris' utkanter vid Barrière du Trône, invid det nuvarande Place de la Nation. Här fann han till sin stora glädje att det fanns ett litet kapell, där han lyckades utverka tillstånd att fira mässan. Under sin tid på denna plats utövade fader Clorivière ett häpnadsväckande inflytande på de intagna och deras väktare och förvandlade hela etablissemanget till något som mest liknade ett kloster. Den 11 april 1809, nu 74 år gammal, försattes han till sist på fri fot.

Hans gamle vän Msgr. Carroll, ärkebiskopen av Baltimore, föreslog att han skulle bege sig till Amerika, för att bli novismästare för jesuiterna, som just reorganiserats där, men jesuiternas general fader Brzozowski ville att han skulle stanna i Frankrike i avvaktan på ordens återupprättande även där. Han tog nu sin tillflykt till karmeliternas kloster i Paris, där så många hade vunnit martyrkronan 1792 och som nygrundats av en Mme. de Soyecourt, och gjorde nu åter tjänst som andlig vägledare och biktfader för karmelitsystrarna. Han återtog också ledningen för de bägge sällskapen och gjorde nu trots sin höga ålder många resor, under vilka han ledde möten och reträtter för ordensmedlemmarna. När Pius VII 1813 på Napoleons order internerades i Fontainebleu, fick fader Clorivière äntligen träffa den helige Fadern, som mottog honom varmt och förnyade sitt godkännande av de bägge ordnarna, vilka dock inte kom att officiellt stadfästas förrän 1825 av Leo XII, efter det att såväl fader Clorivière som Pius VII lämnat denna världen.

7. Återupprättandet av jesuitorden

Under sin febersjukdom 1767 hade fader Clorivière av Gud fått veta att han skulle bli ett redskap för Guds återställande av jesuitorden i Frankrike. Orden hade ju efter 1773 fortlevt endast i Ryssland, där Katarina den stora stoppade dess upplösning, något som också såväl Clemens XIV som Pius VI såg med gillande på, och 1801 återställde Pius VII officiellt orden i Ryssland och i Kungariket de bägge Sicilierna. Också den engelska provinsen återupprättades snart och även i Amerika återupprättades orden, samtidigt som den ryska provinsen började uppta medlemmar från andra länder, så att fader Clorivière 1805 åter kunde införlivas i orden efter särskilt medgivande av dess i Sankt Petersburg residerande general fader Lustyg.

När så äntligen Napoleon fallit 1814 och Ludvig XVIII bestigit tronen, försvann det sista hindret för jesuitordens återkomst till Frankrike och det katolska skolsystemets restauration. Jesuitgeneralen Brzozowski tövade inte, utan utsåg i juni 1814 fader Clorivière till superior med uppdrag att återupprätta orden i Frankrike, trots dennes strax dessförinnan hovsamt framförda önskan om att med ålderns rätt få sig tilldelat ett "litet hörn där han kunde dö obemärkt och okänd". Nu började en tid av intensiv aktivitet för den 80-årige superiorn, som med stort nit och okuvlig energi gick in för denna uppgift som han väntat på i nästan 50 år efter löftet som givits honom av Gud i Hammersmith. Sommaren 1814 upphävde så äntligen Pius VII under högtidliga former i jesuiternas berömda kyrka *Il Gesù* i Rom Clemens XIV:s bulla *Dominus ac Redemptor,* vilket gav startskottet för jesuitordens återkomst som fågel Fenix ur upplysningstidens och revolutionserans aska.

Inga av fader Clorivières gamla kolleger fanns kvar i Frankrike och de som ännu levde var komna till hög ålder och upptagna med viktiga arbetsuppgifter i Ryssland och England för vilka de inte kunde undvaras, men istället flockades stora skaror av noviser till Jesu sällskap - i slutet av 1814 uppgick antalet noviser redan till 60 stycken! Lokaler ordnades snabbt i Paris på rue des Postes, där visitantinnenunnorna ägde en fastighet. Eftersom behovet av lärare och skolledare till de katolska kollegierna och seminarierna var enormt, tvangs fader Clorivière delvis frångå den gängse ordningen och snabbutbilda noviserna, varvid han själv fick stå för merparten av undervisningen och dessutom fungerade som novisernas andlige vägledare och biktfader. Det säger sig själv att mycket som inte var absolut oundgängligt i jesuiternas i vanliga fall utomordentligt omfattande och solida skolning fick förbigås eller skjutas på framtiden.

Vad fader Clorivière inte ville göra avkall på var den traditionella ignatianska 30-dagarsreträtten, som inleddes i mitten av januari 1815 med omkring 30 deltagare. Den 80-årige superiorn predikade själv hela reträtten med timslånga föredrag åtminstone tre gånger dagligen och alla de andra aktiviteter som hör till en reträtt från kl. 3 på morgonen till kl. 10 på kvällen.[79]

Napoleon som suttit internerad på Elba lyckades dock snart återta makten i Frankrike och installerades den 20 mars 1815 åter som kejsare, varefter han den 30 mars ånyo återinförde förbudet mot det katolska skolväsendet. Efter att ha varnats av abbé Barruel, som fått förhandsinformation om planerna på Napoleons återkomst från en högt uppsatt frimurare, som brukade ge honom information om frimurarnas intriger, upplöste fader Clorivière genast seminariet i Paris[80], men på landsbygden hann Napoleons dekret inte genomdrivas, utan alla utom ett av de seminarier och kollegier som fader Clorivière tagit under sin egid kunde fortsätta sin verksamhet under de hundra dagarna. Själv stannade han modigt i Paris sedan han sett till att seminaristerna satt sig i säkerhet. Det dröjde inte länge förrän han utsattes för polisens förnyade trakasserier i form av konfiskerade dokument och polisförhör. Innan saken hann urarta, hade dock Napoleon tack och lov försvunnit för gott till Sankta Helena.

---

[79] Fader Clorivières anteckningar för trettiodagarsreträtten från hans tid som socius till novismästaren vid jesuitkollegiet i Ghent finns utgivna. Se fotnot 10 s. 5 ovan.

[80] Se Gagarin a.a. s. 64.

När nu Napoleon åter var ur vägen och kungadömet återupp-
rättat, tog fader Clorivière ånyo sig an den närmast övermänsk-
liga uppgiften att mer eller mindre på egen hand utbilda ett
stort antal noviser, som nu åter strömmade till i stora skaror,
och dessutom leda de inrättningar han grundat och hantera en
strid ström av önskemål från biskoparna om ytterligare etable-
ringar av kollegier och seminarier. Hans syn hade dessutom nu
försämrats så att han nästan var helt blind. Han vädjade till
jesuitgeneralen Brzozowski om att få dra sig tillbaka, men den-
ne kunde inte medge detta. Till sist fick han för att bispringa
sig i alla fall sig tilldelat två jesuitpräster, fader Folloppe och de
Grivel, som i maj 1816 anlände från Ryssland, och i september
samma år anlände fader Fontaine från England. I Frankrike
förblev efterfrågan på jesuiter ur fader Clorivières skola utom-
ordentligt stor.

Fader Clorivière var fortfarande superior för Jesu och Marie
hjärtasällskapen, även om han kunde delegera den praktiska
ledningen till betrodda medarbetare, och engagerade sig nu
också för ett par sällskap som ställts under jesuitordens eller
dess prästers beskyddarskap, nämligen *Congrégation de la Sainte
Vierge (Den Heliga Jungfruns sodalitium)*, en barmhärtighetsor-
ganisation till vilken ett stort antal ädlingar, militärer, jurister,
präster och andra ledande personer i samhället anslutit sig, och
Société du Sacré-Cœur de Jésus (Jesu heliga hjärtas sällskap), en
orden inriktad på flickors uppfostran grundad av fader Joseph
Varin och den heliga Sophie Barat. Dessutom organiserade han
missioner i olika hörn av Frankrike, där han lät de mest brin-
nande av sina adepter predika, något som ledde till många om-
vändelser i det av revolutionens härjningar religiöst utarmade
Frankrike. Han företog också flera resor till ordens skolor och
andra inrättningar, där han gav konferenser och understödde
de lokala superiorerna med råd och anvisningar och hjälpte till
att lösa de många problem som här kunde yppa sig. Han käm-
pade oförtövat och under svår medelsbrist för att bygga upp
den långa och över en rad kunskapsgrenar spännande utbild-

ning som var ett signum för jesuitordens lärda adepter och samtidigt tillfredsställa de akuta behoven av lärare och skolledare ute på kollegierna och seminarierna, en ekvation som dock inte riktigt ville gå ihop.

Till sist skrev han till jesuitgeneralen Brzozowski och begärde ödmjukt att få bli befriad från sitt ämbete då "han saknade de dygder och kvaliteter som behövdes för detta" och dessutom nu var nästan helt blind, hörde allt sämre, började få problem med minnet och snart inte längre skulle kunna läsa mässan. Den 15 januari 1818 ersattes han till sist av fader Simpson, en fransk jesuit tillhörande den engelska provinsen som anlänt till Frankrike i slutet av 1817. Jesuitorden i Frankrike bestod nu av 145 medlemmar och hade ett novitiat i Montrouge, fem kollegier och två "résidences", sannerligen en häpnadsväckande tillväxt på drygt tre år! Fader Varin, en av fader Clorivières närmaste medarbetare, berättar att denne, trots den stränghet som han av omständigheterna tvingats till för att kunna åstadkomma dessa mirakel, allmänt betraktades som ett helgon.

8. De sista åren

Fader Clorivière kunde nu äntligen trappa ned på det otroliga arbetstempo som han tvingats upprätthålla sedan 1814. Han återtog visserligen ledarskapet för Jesu och Marie hjärtasällskapen och publicerade också nya statuter för Marie hjärtadöttrarna under 1818. Han avslutade också en tidigare påbörjad kommentar över Jesu tal vid den sista måltiden med hjälp av en novis som läste högt för honom och nedskrev hans diktat.

Efter en 15 månader lång sjukdom avled den 26 april 1818 Mlle. de Cicé, som av fader Boursoul kallats en "seraf av kärlek", i det Heliga Sakramentets närvaro, liksom fader Clorivière skulle göra något år senare. Han hade trots sina ytterligt pressande plikter ofta besökt henne på hennes sjukläger, även om han inte kunde vare sig se eller höra henne längre. Av detta skäl kunde han inte heller höra sin andliga dotters sista bikt eller ge henne den sista smörjelsen, utan detta gjordes istället av en fader Desjardins.

Trots att hans kroppsliga krafter nu avtog, tillväxte han i ödmjukhet, frid, mildhet och tålamod och tillbringade mer och mer tid i bön och botgöring. När han inte längre kunde läsa breviariet och mässan, bad han rosenkransen desto ivrigare, tillbringade mycket tid inför tabernaklet och mottog kommunionen dagligen, inför vilken han förberedde sig med en lång och innerlig bönestund. Varje dag läste man högt för honom en timma ur någon andlig bok, inte sällan hans egna kommentarer till Apokalypsen eller Petrusbreven, varpå ofta följde en animerad frågestund. Han satte en ära i att alltid delta i det gemensamma livet i det ordenshus på rue des Postes där han bodde tillsammans med ett dussintal andra jesuiter och i att uppfylla alla de förpliktelser som detta innebar. Han var också sträng mot sig själv: Vare dag steg han upp kl. 3 på morgonen för att bedja och meditera. Han åt föga till kvällsvard, fastade på fredagarna och lät aldrig tända en värmande brasa i sitt rum ens i den värsta kyla.

Hans kärlek till vår Frälsare och Hans Moder var sådan att han nu, då han inte längre kunde se deras älskade bilder, fäste ett litet krucifix och den statyett av den Heliga Jungfrun som han alltid burit på sig under revolutionsåren i en kedja som han i sin tur anbringade på en ring på sitt finger så att han alltid hade dessa övermåttan Kära nära sig. Han talade gärna och till stor uppbyggelse för sina ordensbröder om Gud och Försynen och också om Dess ingripande i hans eget liv. Hans sannings- och rättspatos var stort, och trogen den övertygelse som han under revolutionsåren med sådant mod försvarat gav han aldrig sitt gillande åt sådant som stred mot sanning och rätt. Han klagade aldrig, trots att hans hälsa stadigt försämrades och trots att han till sist inte ens kunde gå själv, utan såg det som en nåd att få lida. Så här hade han t.ex. yttrat sig när han satt fången i Tempeltornet 1807:

Inte så att jag är led vid detta livet: Det äger vissa fördelar som det
kommande livet inte kan erbjuda. Vi kan alltnog efterfölja vår gu-
domlige Mästare i lidande, vi kan oupphörligen sträva efter att
förvärva nya förtjänster och vi kan arbeta för att föra några själar
till Gud. Alla dessa ting bidrar till att förljuva bitterheten i vår
exil litet grand.

Fader Clorivière hade närt en önskan att dö som martyr, på
missionsfältet i Kanada eller under revolutionens fasor, vilket
till en del förklarar det stora mod han uppbådade under de
mest dramatiska faserna av sitt liv. När det blev uppenbart att
denna önskan inte skulle villfaras av vår Herre, utbad han sig
om att få dö inför det Heliga Sakramentet, en önskan som han
under sina meditationer över Kristi lidande också flera gånger
hört besvaras välvilligt. Den 8 januari 1820, då han befann sig i
sitt 85:e levnadsår, hade han intagit sin kvällsvard, deltagit i re-
kreationens samtal och bönerna som vanligt och också sin vana
trogen biktat sig för husets biktfader, fader Ronsin. Natten var
bittert kall, men fader Clorivière steg upp som vanligt kvart i
tre, mediterade i sin cell en stund och gick sedan för att bedja
framför altaret i kapellet. När de två näst honom själv mest
morgonpigga ordensbröderna trädde in i kapellet, lade de mär-
ke till att han inte satt på sin vanliga undanskymda plats i ett
hörn nära fönstret, utan låg på knä på altarringen djupt för-
sänkt i bön framför tabernaklet. I handen hade han krucifixet
och statyetten av den Heliga Jungfrun som han alltid bar med
sig. Klockan kvart i fyra hörde de två bröderna som fortfarande
var ensamma med fader Clorivière i kapellet ett ljud, då kruci-
fixet och statyetten gled ur hans hand, varefter han strax sjönk
bakåt som om han ville sätta sig. De skyndade fram och fång-
ade upp honom och placerade honom på en stol. Han var nu
inte kontaktbar och hans ögon var nu slutna som i bön. Den
ene brodern sprang och hämtade hans biktfader, fader Ronsin,
som föreslog honom akter av tro, hopp, kärlek och ånger, upp-
repade Jesu och Marie namn för honom och gav honom abso-
lutionen. När de heliga orden yttrats, upphörde andningen,

och fader Clorivières sista önskan hade villfarits av den Herre som han hade tjänat med sådan kärlek och tillgivenhet under hela sin levnad. Alla som kände honom var förvissade om att han var ett helgon och nu efter denna fridfulla hädanfärd befann sig i himmelen.

Fader Simpson, den nye provincialen, skickade strax ut en rundskrivelse till hela provinsen där fader Clorivière beskrevs inte bara som dess grundare, utan som just ett stort helgon, jämförbart med S:t Franciscus Borgia.[81] Den utbredda övertygelsen om hans helgonstatus ledde genast till att man började be om hans förböner, tillvarata reliker och tillskriva honom mirakel.[82] En dödsmask gjordes också och finns avbildad i många av de böcker som utkommit om honom, och en anonym lärjunge publicerade en vacker litania till honom.[83]

9. Slutord

Fader Clorivières levnadslopp innehöll mycket kamp och många prövningar och dramatiska händelser och peripetier, men också lugnare perioder då han kunde få tid att ägna sig åt bön, meditation och reflektion. Hans utomordentligt stora, ja i sanning helgonlika ödmjukhet, långmodighet, tapperhet och klokhet under dessa olika omständigheter bidrar till bilden av honom som en av sin tids stora kristna hjältar och stridsmän, som fått del av den Helige Andes gåvor och frukter i alldeles ovanligt mått och också förmått bruka dessa till stort gagn för Kyrkan och alla kristna, såväl samtida som senare generationer.

---

[81] Beatificeringsprocessen pågår alltjämt. Vicepostulator är i skrivande stund Philippe Lécrivain, S.J. och postulator Anton Witwer, S.J., som fungerar som generalpostulator för jesuiterna. Chantal Reynier, en ledande Clorivière-forskare, som själv tillhör *Société des Filles du Cœur de Marie* och är professor i biblisk exegetik vid de franska jesuiternas teologiska fakultet Centre Sèvres, är dock den som i praktiken arbetar mest med detta.

[82] Se Terrien a.a. s. 694ff. och Ory a.a. s. 267ff.

[83] Terrien a.a. s. 715ff.

En av de största gåvor han kvarlämnat till oss sina sentida efter-kommande trosfränder är utan tvekan den skrift om hur man bör bedja som här föreligger i översättning. Anledningarna till att denna i så hög grad behövdes och alltjämt behövs behöver vi inte åta oss att försöka reda ut, utan vi överlämnar nu till fader Clorivière själv att lägga ut texten härom!

Förord

Det finns ingen annan plikt som oftare och kraftigare anbefalles oss än utövandet av yttre och inre bön.[84] Alla de heliga skrifterna erinrar oss härom: Jesus Kristus själv i sitt evangelium, den helige Paulus och de övriga apostlarna i sina epistlar uppmanar oss till ständig bön. De heliga kyrkofäderna prisar bönen med endräktig röst; deras ord sinar aldrig, när de talar om bönens nödvändighet, upphöjdhet och fördelar.

Förnuftet, härutinnan i harmoni med tron, talar till den förnuftiga människan hart när samma språk. Det får henne att klart förstå att för henne är den mest riktiga, den mest oundgängliga, den mest hedervärda, den mest fördelaktiga plikten att vid varje tillfälle rikta sin tacksamhets hedersbevisning till Honom, från vilken hon äger sin existens, från vilken hon i varje ögonblick mottar en oräknelig mängd välgärningar av alla de slag; att inrikta alla sina själsförmögenheter, alla sina fakulteter och i synnerhet talet på att lova, att prisa den allsmäktige Herre, av vilken hon väsentligen beror och inför vilken alla skapade varelser är ett intet; att utnyttja denna upphöjda förmåga som det gudomliga Majestätet skänker människan att samtala med Sig; slutligen att i trängande nöd utbedja sig om Dennes bistånd som allena kan lindra denna och utgöra hennes lycka. Den människa som inte inser detta, som inte förstår denna sanning, är förvisso inte en varelse begåvad med förnuft.

---

[84] Den franska textens begrepp *prière* och *oraison* översätts här mestadels som "yttre bön" och "inre bön". I de flesta fall menar fader Clorivière med *prière* "vanlig" bön med ord som uttalas högt eller tyst, medan *oraison* betecknar olika former av inre eller mental bön som meditation och kontemplation. När "oraison mentale" förekommer i texten, översatts det som "mental bön", vilket dock i de flesta fall kan betraktas som synonymt med "inre bön".

Det som tron, förnuftet och auktoriteten lär oss, det som själva bönens natur ovedersägligt visar, det ger oss alla människors, alla tidsepokers och alla länders erfarenhet ständigt bevis på. En bedjande människa är en människa begåvad med alla dygderna, en fullkomlig människa; när hon överger bönelivet, upphör hon att vara det hon var, hon bär i sig fördömelsens insegel. I alla tider, i alla länder har det flitiga utövandet av bönen mångfaldigat helgonen, upprätthållit den goda ordningen och utgjort folkens lycka. De religiösa inrättningarna och ordnarna har endast bevarat sin ursprungliga glöd så länge som bönens anda där vidmakthållits. Huru sant det är att bönelivet är den väsentliga plikten, oundgängligt för varje kristen.

Därav föds nödvändigheten att undervisa den kristne om denna stora förpliktelse och om det sätt man bör utöva den på.

Men finns det inte nog med anvisningar om detta ämne? Antalet böcker om bönen är tveklöst i det närmaste oändligt. Det finns ingen from skrift som inte talar om bönen, ingen kristen predikant som i sina predikningar inte ofta undervisar de trogna om denna viktiga plikt; men vad händer? Råden om bönen läggs till tusen andra råd; de drunknar i böcker som få kan skaffa och mycket få har tid att läsa; många av dessa är vetenskapliga och dogmatiska, bortom de flesta troendes horisont; andra, mycket talrika, är ytliga och alltför allmänt hållna för att bringa anden klarhet och röra hjärtana. Vad beträffar predikningarna så kan det, när man där talar om bönens utövande, inte vara på ett sätt som är tillräckligt detaljerat och passar alla. För övrigt är predikstolens språk alltför upphöjt för enkelt folk, och det intryck som en flyktig diskussion gör på anden är vanligtvis föga varaktig.

Dessa skäl, jämte några klarsynta personers åsikt, har förmått mig att publicera detta lilla arbete. Det är egentligen inte en avhandling om den yttre och om den inre bönen: en avhandling ger intryck av något vetenskapligt och förutsätter arbete; det skulle behövas citat av alla slag. Saken skulle inte ha varit synnerligen besvärlig; men den hade fått volymen att svälla, vilket syntes mig onödigt i ett ämne som för den stora massan av troende inte är underkastat diskussion; och för övrigt skulle den vara i föga samklang med våra åsikter och den fromma enkelheten hos dem som denna skrift från början var avsedd för.[85]

Det är en enkel manual som man lätt kan bära med sig; och den titel som den bär gör kunnigt att, för att sammanställa den, har man inte trott sig behöva ägna sig åt någon forskning; att man låtit sig nöja med kunskaper vunna genom läsning och erfarenhet och de insikter som den Helige Ande har för sed att skänka dem som ödmjukt utber sig om hans hjälp; och att det inte är till bönens teori, utan dess praktik som man har trott sig böra huvudsakligen och nästan uteslutande hålla sig.

Det är på begäran och till nytta för eremiterna på Mont-Valérien som denna skrift sammanställts år 1778. Då den godkänts av M. Grisel, deras kyrkliga överordnade, en man förfaren i Guds vägar, presenterade dessa goda bröder den för ärkebiskopen av Paris för att han skulle ge dem tillstånd att låta trycka den och infoga den i deras andaktsanvisningar. M. Beaumont lät då underkasta den lasaristernas ordensgenerals granskning. Skriften föreföll allmänt god och nyttig, men man övervägde bland granskarna om det vore lämpligt att publicera den del av skriften som gäller den passiva bönen, och jag ombads av bröderna att för ordensgeneralen framlägga orsakerna till att jag hade inlåtit mig på att tala om dessa böneformer.

Här är orsakerna, som jag hade tänkt mig att framlägga för honom:

1. Att utan denna del av skriften skulle våra betraktelser om den inre bönen vara ofullständiga.

---

[85] D.v.s. eremiterna på Mont-Valérien.

2. Att, enligt den heliga Teresas vittnesbörd, antalet själar som Gud kallar till passiva former av bön, åtminstone till de former som man kallar ordinära, är nog så ansenligt.

3. Att de som inte är kallade, om de har ett gott förstånd, förmås genom kännedomen om dessa vägar prisa Herren och hålla sig i ödmjukhet.

4. Att de som Gud kallar dit skall veta, hur man bör förhålla sig för att inte orsaka hinder för Guds avsikter, hur de bör använda Guds gåvor, och på samma gång stärkas mot de känslor av fruktan som i dessa tillstånd ofta blir uppförstorade och är till skada för själarnas bästa.

5. Att de som alltför lätt tror sig vara på dessa vägar skall inse sin villfarelse genom att bli uppmärksamma på de kännetecken genom vilka man kan lära känna sanningen om detta.

6. Att många biktfäder är bristfälligt underrättade om dessa tillstånd av den inre bönen och att det av samma skäl är så mycket mer nödvändigt att tala därom för att förhindra den skada denna okunnighet kan åsamka själarna.

7. Slutligen att en tämligen stor mängd böcker har talat om dessa vägar utan att tillräckligt klargöra de illusioner som man kan falla offer för på dessa vägar och de medel som man kan ta till för att skydda sig däremot.

Jag fick inte anledning att framföra mina skäl i detalj. Ordensgeneralen förekom mig och sade mig att, då han hade rådfört sig med de mest andliga personerna i sin organisation, hade de varit av den åsikten att arbetet borde tryckas som det var och i sin helhet och att således det vittnesbörd han givit ärkebiskopen varit helt till fördel för det arbete som han underkastat granskning. Detta meddelades mig den 2 juli 1779. Sedan jag lämnat huvudstaden i slutet av detta år, följde jag inte ärendet, men jag fick veta att arbetet inte hade tryckts.

Men i just detta tror jag mig skymta en ny skickelse av den gudomliga Försynen. Nyttan av denna skrift blir mycket större när den utvidgas till ett mycket större antal personer, och det synes oss att man inte kan välja en mer gynnsam tidpunkt för att publicera det än för närvarande, då regeringen visar sig benägen att gynna återupprättandet av den katolska religionen hos oss. Det är att ansluta sig till dess uppfattningar att erbjuda människor ett medel av vilket man inte kan göra bruk utan att bli nya människor, sanna kristna, tillbedjare i ande och sanning.

Det är till er, våra mycket kära bröder som utgör *Société du Cœur de Jésus,* och till er även, våra mycket kära systrar som utgör *Société du Cœur de Marie,* som jag alldeles särskilt riktar dessa betraktelser. De tillhör er, eftersom jag själv tillhör er och Herren har velat att jag gör allt för er! De tillhör er också, eftersom ni inte kan foga er i de avsikter som Herren hyser gentemot er, utan att leva ett liv av bön, andakt och fullständig död från er själva! Mottag den som en ringa underpant på det brinnande nit jag har för edra själars helgelse. Må den förmå er att be till Herren för mig att Han måtte ge mig nåden att med helig glädje bära alla de prövningar som han värdes låta mig utstå under de fåtal år som ännu min landsflykts tid bör vara. Amen.

[Jag kan då hoppas, med den välsignelse som jag besvär Herren att rikligen utgjuta över detta lilla verk, att det under nuvarande omständigheter inte skall vara onyttigt för dem som värdigas göra bruk därav. Jag erbjuder det till alla troende i allmänhet, eftersom det inte finns någon däribland som inte ofta bör ta sin tillflykt till bönelivet, inte någon för vilken det inte är möjligt och ytterst fördelaktigt att göra bruk av den mentala bönen. Jag erbjuder det alldeles särskilt till dem som är brinnande i anden, som allvarligt strävar efter fullkomning, eftersom de utan frekvent och passande utövande av bönen smickrar sig fåfängt av att nå sina önskningars mål.]⁸⁶

Om, mot mina föresatser, något har undsluppit mig som inte är fullständigt i överensstämmelse med den heliga Kyrkans lära, underkastar jag detta helt och hållet dess rättelse.

LAUDETUR JESUS CHRISTUS⁸⁷

⁸⁶ Detta stycke ersätter i utgåvan från 1858 föregående stycke och är väl inte författat av fader Clorivière själv.

⁸⁷ LOVAD VARE JESUS KRISTUS

Del 1. Om yttre bön

1. Bönens natur och ypperlighet

Bönen är ett upplyftande av anden och hjärtat mot Gud, varigenom människan visar Hans oändliga Majestät den vördnad hon till sitt väsen är skyldig Honom såsom sin skapare, suveräne Herre och enda Mål, vare sig det nu är genom att tillbedja och begrunda Hans storhet och Hans outsägliga fullkomligheter eller genom att lovprisa Honom eller genom att bekänna sitt beroende av Honom och sina egna skröpligheter eller slutligen genom att ödmjukt och med tillit be Honom om alla de ting som hon behöver både till kropp och till själ.

Att ägna sig åt det heliga utövandet av bönen det är att frigöra alla sina tankar och sina intentioner från jorden och alla skapade ting för att fästa dem i Gud bortom alla skapade varelser, synliga och osynliga; det är att överge umgänget med människor för att tala med Honom, vars allsmäktiga hand har dragit fram både änglar och människor ur intet; det är på sätt och vis att föras in i de himmelska änglarnas samfund och att här nere på jorden fullgöra en uppgift som de, med rätta, ser som den mest ärorika av sina privilegier.

Men detta är på intet sätt att ännu ge en tillräckligt upphöjd föreställning om utövandet av bönen. Då vi alltid ber genom Jesus Kristus och i Jesus Kristus, i egenskap av lemmar i hans mystiska kropp, då, enligt Aposteln, "det är den Helige Ande själv som kommer vår svaghet till hjälp och ber i oss med outsägliga suckar." (1 Rom. 8:26), är att bedja att stärka de band som Guds Son velat knyta med oss, att, på sätt och vis, bli hans lemmar, att träda fram inför Hans Fader iklädd Hans förtjänster, liksom Han själv velat framträda iklädd våra synder, att, i förening med och i avhängighet av Honom, bli förbedjare för hela människosläktet och särskilt för Kyrkan och slutligen att göra bruk av en övernaturlig förmåga som endast Gud kan ge oss såsom sina älskade barn och att följa Hans Helige Andes lockelser och ledning.

Det är av yttersta vikt för alla kristna, i synnerhet för dem som avlagt löfte att sträva mot fullkomligheten och vilkas liv av detta skäl bör vara ett liv i bön, att ofta erinra sig dessa överväganden för att de genom att alltid ha i sinnet hur ädelt utövandet av bönen är, hur sublim bönen i sig själv är, skall anse sig som synnerligen privilegierade därigenom att de kan ägna en stor del av sin tid åt den och för att de varje gång skall hänge sig åt den med förnyad glöd. Den uppskattning vilken en kristen visar bönen, den iver med vilken han hänger sig åt denna heliga övning och framför allt den fullkomlighet med vilken han fullgör den står i proportion till de gåvor han mottar av Gud och är ett mått på hans framsteg på helighetens väg.

2. Bönens nödvändighet

Till dessa överväganden, vilka lägger i dagen bönens ypperlighet, måste man foga dem som får oss att se nödvändigheten av den. Denna nödvändighet har inte sin grund i Gud: i sin oändliga vishet vet Han vad vi behöver innan vi öppnar munnen för att bedja Honom om det, i sin oändliga godhet behöver Hans ömhet till oss inte väckas av våra rop, oändligt stor behöver Han inte någon annan än sig själv, och varken Hans storhet eller Hans lycka får något tillskott genom de lovsånger och ärebetygelser vi skänker honom. Nej, bönens nödvändighet har sin grund i oss själva, i vårt väsens själva natur, begåvat med förnuft och frihet, i de kunskaper som Gud har gett oss om sig själv, i den erkänsla som de välgärningar fordrar som Han i varje ögonblick med en helt och hållet gudomlig frikostighet utgjuter över oss, i det totala, absoluta beroende, i vilket vi till vårt väsen står till Honom, men som vi bör acceptera och erkänna med fri vilja och, slutligen, i allt det härliga som utövandet av bönen medför för oss, eftersom vi inte kan ägna oss åt den utan att lyftas upp över vår natur och utan att träda i någon form av förbindelse med Gudomligheten.

Denna bönens nödvändighet har förelagts oss av Gud själv, och därom har Gudamänniskan gett oss en i evangeliet ofta upprepad befallning och skänkt oss en förebild genom hela loppet av sitt dödliga liv: "Vaka och bed" säger han till oss, "för att icke komma i frestelse" (Matt 26:41, Mark. 13:33, Luk 21:36). "Man bör alltid bedja och inte förtröttas att göra det." (Luk 18:1). Aposteln inpräntar i oss samma plikt: "Bed oavlåtligen", uppmanar han oss, "Tacka i alla livets förhållanden, ty sådan är Guds och Jesu Kristi vilja med var och en av eder." (1 Thess. 5:17-18).

3. Bönens förtjänster

Bönens förtjänster svarar mot dess ypperlighet och nödvändighet. Dessa är tallösa och förtjänar likaså att vi beaktar dem med omsorg. Vi finner dem alla inneslutna i de storslagna löften som vår älskade Frälsare har givit dem som ber: "Bed och eder skall varda givet;" (Matt 7:7), "Vadhelst ni ber min Fader om i mitt namn, det skall Han giva eder." (Joh. 15:16). Dessa löften är gränslösa: de sträcker sig lika långt som vi har kraft att bedja, lika långt som våra hjärtans önskningar kan sträcka sig. Vi har som garant på deras osviklighet själva Sanningens ord, makten hos Denne, som förmår allt Han vill.

Vilka är enligt detta de goda ting som bönen inte är i stånd att utverka för oss? Vilka är de olyckor som den inte kan rädda oss från? Genom den är vi på sätt och viss redan i besittning av alla de himmelska skatterna. Det finns ingen dygd som är oss omöjlig att utöva, inget fel som vi inte kan rätta till hos oss, inga skulder som det inte står i vår makt att lösa oss från, inga strider som vi inte är försäkrade om att gå segrande ur, inga fällor som vi inte kan undvika, inga frestelser som vi inte kan övervinna, inga fiender som vi inte kan trampa under våra fötter.

Bönen är ett universalmedel som den gudomliga godheten har givit oss till att sörja för alla våra behov. Syndaren finner där försoningens nåd, den svage sin styrka, den sjuke sin hälsa, den bedrövade sin tröst i sin nöd, den blinde ljuset, den ljumme glöden, den brinnande fullkomligheten, den fullkomlige alla de Andens gåvor som han behöver för att bli mer och mer fullkomlig. Bönen är en sköld som skyddar oss från fiendens pilar, ett kastspjut vars kraft helvetet inte kan stå emot, en himmelsk rustning som gör oss starka mot Gud själv.[88] Gåvan att hålla ut intill änden är en välsignelse som vi aldrig någonsin kan göra oss förtjänta av, men vi har löfte om att kunna erhålla den genom bönen.

4. Känslor av aktning och tillgivenhet man bör hysa för bönen

Hur skulle vi kunna låta bli att gripas av aktning och tillgivenhet för en övning vars oskattbara fördelar vi lärt känna? Följaktligen kommer vi att anse de timmar som är särskilt avsatta för bön som de mest värdefulla på dygnet. De ögonblick då vår själ får näring, då hon, frigjord från alla andra omsorger, endast ägnar sig åt Honom för vilken hon blev skapad, då allt kallar henne till Gud, då hon obehindrat kan låta sina heliga önskningar flyga fritt, dessa ögonblick blir för henne vad föda är för en uthungrad människa, vad havet är för en fisk som dragits upp ur sitt rätta element.

Om än vår mänskliga natur, fiende till det som besvärar den och tenderar att stärka nådens rike i oss, känner motvilja mot utövandet av bönen, om än anden har svårt att låta sig fångas i den, om än vår föreställningsförmåga då förirrar sig in på tusen främmande ting, om än, vilket vanligen sker, demonen sätter i verket allt för att få oss att känna avsmak för detta frälsningsmedel, om än han för att effektivare förleda oss höljer sina ränker i ett sken av godhet, så kommer vi - hur våldsam frestelsen

---

[88] Formuleringen syftar enligt manuskriptet på Jakobs brottning med Gud vid Jabboks vad (1 Mos. 32:28-29).

än må vara, hur bestickande de förevändningar som lögnens
ande använder sig av för att dölja sin ondska än är, vilka be-
svärligheter vi än må erfara under utövandet av bönen, hur
obetydliga de fördelar som vi vinner genom bönens utövande
än synes oss - kommer vi likväl, om vi låter sanningens fackla,
som för oss avslöjar bönens förtjänst och de stora välsignelser
som den låter oss få del av, upplysa oss och om vi beväpnar oss
med en levande och ren tro, därav bara desto starkare att känna
i hur hög grad det är nödvändigt för oss att hålla fast vid denna
heliga övning mer än någonsin, och de slag som vi ha att ut-
kämpa för att kunna beständigt hålla ut i den kommer för oss
att utgöra anledningen till en för oss ärorik triumf.

5. Om den gemensamma bönen

Bland alla de böner som är i bruk inom den heliga Kyrkan bör
vi känna en alldeles speciell tillgivenhet för den gemensamma
och offentliga bönen, såväl på de platser där de som tillhör
samma familj eller samma kommunitet samlas för att be ge-
mensamt som i kyrkorna och i synnerhet i församlingskyrkor-
na, som utgör en fullkomligare bild av hela Kyrkan. "Om två
av er", säger Herren, "kommer överens tillsammans på jorden
om något, vad det vara må som de ber om, så skall det beskäras
dem av min Fader, som är i himmelen. Ty var två eller tre är
församlade i mitt namn, där är jag mitt ibland dem." (Matt.
18:19-20). Övertygade i vårt innersta om att detta gudomliga
löfte är sant tvivlar vi inte på att världens Frälsare då befinner
sig mitt ibland oss och ber med oss och för oss.

Dessutom bör vi notera att i den bön som förrättas gemensamt,
den yttre föreningen av kroppar och röster, ett vittnesbörd om
den kärlek som förenar hjärtana, gör den gudstjänst man ägnar
Herren mer högtidlig, att denna utgör en förnimbar bild av
den förening som av alla den heliga Kyrkans barn skapar en
enda kropp och av den som råder bland det himmelska Jeru-
salems alla medborgare, att den ger mer kraft och verkan åt bö-
nerna som man där förrättar, att någras glöd kan uppväga det

som saknas härav hos andra, att de trogna kan då de är församlade tillsammans genom att utgöra ömsesidiga exempel för varandra inspirera varandra till den djupa vördnad som gudstjänsten kräver och slutligen att den är såsom ett heligt förbund som de skapar mellan varandra för att mot himmelen bruka ett våld som behagar denna och för att med större styrka stå emot helvetets samlade ansträngningar.

6. Om den ständiga bönen

Brinnande kristna nöjer sig inte med att be vid de tidpunkter eller på de platser som är avsedda för bön. Särskilt de ibland dem, vilka Herren i sin barmhärtighet har kallat till ett heligare stånd, bör se sig själva som därigenom mer strikt ålagda att, i så stor utsträckning som den mänskliga svagheten tillåter det, praktisera det råd som vår gudomlige Mästare har givit åt alla kristna i allmänhet, att "bedja ständigt" (Luk. 18:1) och, som aposteln uttrycker det, "oavlåtligen" (1 Thess. 5:17). Var och en av dem bör alltså lägga sig vinn om att, i enlighet med det mått av nåd som de fått, men med mildhet och utan ansträngdhet i anden, utföra alla sina handlingar, till och med de mest alldagliga som att äta och dricka, på ett sådant sätt, att de utgör en ständig bön.

Innan man påbörjar en handling skall de först, åtminstone i sitt inre, erbjuda Herren den. Under utförandet av handlingen skall de då och då förnya detta erbjudande, och de skall ha omsorg om att rena sin avsikt och om att utbedja sig om de nådegåvor de behöver för att utföra den väl. Under handlingen skall de göra den som vore de hela tiden under Herrens ögon och inte underlåta att förena sitt handlande med Gudamänniskans för att Hans förtjänster skall uppväga deras egna brister. Slutligen då handlingen är utförd, skall man tacka Gud och be Honom om förlåtelse för de fel man kan ha begått.

De som inte har kommit så långt på Guds vägar kommer utan tvivel inte att kunna göra detta på ett särskilt fullkomligt sätt.

Vi förväntar oss inte heller det av dem. Det är tillräckligt att de önskar det, att de ber om det och att de gör några lätta ansträngningar. Nåden, som finner behag i att understödja de heliga föresatser som den inspirerar, kommer efter hand att göra dem i stånd att göra större ansträngningar; och i den mån som de skrider fram mot fullkomligheten med den överflödande hjälp som den förmedlar, kommer de utan möda och med stor lätthet att göra det som vi här anger som medlet att göra deras bön kontinuerlig, eftersom de då kommer att eggas mer av Jesu Kristi Ande.

7. För vilka personer och för vilka ändamål man skall bedja

Det är en plikt att be för alla människor: för de rättfärdigas ståndaktighet, för syndares, otrognas och gudlösas omvändelse, för våra fiender, för lindring och förlossning för de arma själarna i Skärselden, för fosterlandets välgång och för den heliga Kyrkans förhärligande.

Må vi för dessa ändamål erbjuda våra handlingar och våra lidanden och betrakta oss som ämnade, med vår gudomlige Frälsare som förebild och i förening med Honom, att genom ett liv i botgöring och fyllt av helig glöd blidka vreden hos en rättfärdig Gud som upprörs över människornas synder. Den smärta som vi fylls av då vi erinrar oss våra egna synder och vid åsynen av de skymfer som man inte upphör att begå mot det gudomliga Majestätet, en brinnande iver för Hans namns ära, en öm kärlek till medmänniskorna och en levande tro, som tydligare visar oss och låter oss alltmer känna storheten av alla dessa goda ting som de flesta berövar sig genom egen förskyllan och av de onda ting som de hotas av på nära håll, kommer att leda oss till att både natt och dag ropa till Frälsaren för att alla människor skall ta emot frukten av det blod som Jesus Kristus har utgjutit för dem.

8. Vad man bör be om och hur man bör be om det

I alla de böner som vi förrättar till Gud bör vi först och främst föreställa oss Hans härlighet och därefter det som rör vår och vår nästas frälsning i enlighet med den förebild som vår gudomlige Mästare har dragit upp i Herrens bön. Vi kan, vi till och med bör be om livets nödtorft, såväl för oss själva som för andra, men akta dig då för att be om ägodelar som är överflödiga och därigenom farliga och helt och hållet motsatta den fattigdomens anda som Jesus Kristus så starkt har anbefallt i sitt Evangelium. Allt det som inte leder till evigheten, allt det som inte på något som helst sätt gör vår själ skönare och mer välbehaglig i Guds ögon förtjänar aldrig att uppta vår uppmärksamhet, men då vi under bönen samtalar med det gudomliga Majestätet är det en oundgänglig plikt för oss att från vår ande fjärma dessa föremål och att räkna dem bland de låga ting som är ovärdiga att be honom om.

Vad gäller indifferenta ting, som kan bidra till eller skada själens välfärd, beroende på vilket bruk man gör av dem, skall vi enbart be om dem villkorligt, i den utsträckning som de kan bidra till Hans ära och är i full överensstämmelse med det som är Honom välbehagligt.

9. Om den avlägsna förberedelsen för bönen

"Förbered din själ före bönen", säger den vise (Syrak 18:23) "och var icke lik en människa som frestar Gud". För att följa detta råd, av vilket bönens frukt till stor del beror, bör man lägga ned omsorg på att bereda sig för denna heliga övning genom stor renhet i samvete, hjärta, ande och handling: Det är i dessa fyra slag av renhet som den avlägsna förberedelsen för bönen består.[89]

---

[89] Clorivière bygger här på Jean-Pierre Caussades undervisning i *Instructions spirituelles*. Se P. Caussade (utg. H. Brémond): *Bossuet maître d'oraison: In-*

Samvetets renhet framspringer ur en stark och beständig vilja att aldrig någonsin ge sitt medgivande till den minsta förolämpning mot Gud, en vilja som måste förnyas varje gång vi råkat undslippa oss någon motsatt akt. Profetkungen får oss att inse nödvändigheten av detta förhållningssätt då han säger: "Om samvetet hade förebrått mig någon böjelse för det onda, så skulle Herren icke höra min bön." (Ps. 65:18) Vår Frälsare anbefaller oss också detta och förbinder med sin anbefallning de mest storslagna löften: "Om ni förblir i mig", säger han, "och om mina ord förblir i er, så må ni bedja om vadhelst ni vill, och ni skall erhålla det."(Joh. 15:7)

Hjärtas renhet består i att leva lösgjord inte blott från varje brottslig böjelse, utan även från varje kärlek till skapade ting som inte avser Gud, en kärlek som med nödvändighet alstrar tusen omsorger, tusen tankar, tusen orosmoment, som uppfyller själen, som gör den upphetsad och som är den främsta källan till dess distraktioner under bönen. Den milda förtröstan som bör åtfölja bönen och som mer än allt annat berör Guds hjärta och leder honom till att ge oss allt vi ber honom om, denna förtröstan är helt och hållet oförenlig med den oordnade kärleken till något skapat, vad det vara månde. "Man träder blott fram med tillförsikt inför Gud, då hjärtat inte har någon trolöshet att förebrå sig." (1 Joh. 3:21), säger älsklingslärjungen.

Andens renhet är frukten av den omsorg man sedan lång tid lagt ned på att kuva det naturliga lättsinne, den alltför stora aktivitet som får själen att vid varje tillfälle lämna sig själv för att ägna sig åt de skapade tingen och frossa i en oändlig mängd sinnliga objekt och onyttiga reflektioner, vilka upptar dess uppmärksamhet i så hög grad, att de himmelska sanningarna och Gud själv inte får plats där längre. För att be som sig bör skall

---

Structions spirituelles en forme de dialogues sur les divers états d'oraison suivant la doctrine de M. Bossuet, Librarie Bloud & Gay, 1931, s. 153ff.

vi alltså ständigt vaka över oss själva för att förhindra att något onyttigt tränger in i vår ande och fyller den.

Handlingens renhet, som det här gäller, beror helt och hållet på den omsorg man lägger på att åt varje handling ge de allra renaste avsikter och att uppriktigt hänföra dem till Gud. "Det är det friska ögat som sprider ljuset i hela kroppen." (Matt 6:22)

Man kan vara säker på att i hög grad förvärva dessa fyra slag av renhet, förutsatt att man med omsorg använder sig av de hjälpmedel som vi visat på, då vi talade om den ständiga bönen, men man smickrar sig fåfängt om att kunna komma dithän utan hjälp av askes, vars ändamål är att hålla kroppen i underkastelse, att reglera sinnena samt kuva alla onyttigheter i hjärtat och anden.

Med mindre att vi med stor plikttrogenhet i oss bekämpar alla vår naturs böjelser, kan vi inte hoppas på att föra med oss till bönen de förhållningssätt som den kräver och inte heller att göra något som helst framsteg på Guds vägar. Varje lockelse som vänder oss bort från denna plikttrogenhet bör för oss framstå som en ren illusion.

10. Om den omedelbara förberedelsen

Den omedelbara förberedelsen inför bönen består i en mer innerlig samling, under vilken själen med hjälp av en trosakt försätter sig i Guds närhet, vars majestät, helighet och kärlek hon erinrar sig. Den upphöjda föreställning härom som hon formar i sig uppfyller henne med den djupaste vördnad och den livligaste tillit. Hon ber Honom om den nåd och de inspirationer som hon behöver för att kunna bedja väl och erkänner sig ovärdig att framträda inför Honom till följd av väldigheten av sin eländighet och av sina synder.

Det är genom denna akt av inre samling som man bör börja alla sina böner. Vi kan inte brista i denna plikt utan att erfara hur vår glöd dämpas under denna heliga övning och utan att det där insmyger sig fel och onöjaktigheter som gör att vi går miste om förtjänsten därav och som rentav kan förvandla det som till sin natur borde tjäna till att rättfärdiggöra oss till ett föremål för fördömelse. Det är i synnerhet nödvändigt att vi hyser de lägsta tankar om oss själva och att vi förkrossas vid åsynen av våra synder varje gång vi vill ställa oss inför Guds tron för att be om hans ynnestbevis. Det är det mest verkningsfulla medlet att dra till oss Herrens välviljas blickar och för att ge någon tyngd åt våra önskningar i enlighet med orden: "Den ödmjukes bön tränger genom skyarna. Han ger sig icke till freds med mindre att den Högste sett till honom med välvilja." (Syrak 35:21)

11. Bönens kännetecken

De som förhåller sig till bönen på det sätt som vi precis har sett kommer att ha mindre svårighet att hålla ut i denna heliga övning och att ge åt sin bön de kännetecken som den bör äga.

En djup vördnad. Inre vördnad, vilken består i att då, så långt det är möjligt, undertrycka fantasins irrfärder och hålla själens fakulteter - minnet, förståndet och viljan - ständigt riktade mot Gud i det att man betänker att "Gud ser inte blott som människorna till det som visar sig till det yttre, men att Han tränger in i det innersta och mest hemliga vi har" (1 Sam. 16:7). Yttre vördnad, vilken kräver att vi alltid intar den mest passande ställningen, antingen genom att vi knäböjer eller att vi tvingas inta en mindre obekväm ställning. S:t Johannes Climacus säger i detta ämne att de som genomsyras av en levande känsla av Guds närvaro förblir under bönen "som en orörlig kolonn, som varken demonerna eller de yttre föremålen förmår skaka".

Den innerligaste ödmjukhet. Man bör då vara av samma mening som Profetkungen när han sade att han "endast var som ett intet inför Gud" (Ps. 39:6). Det är inte fråga om att han inte av Gud fått stora gåvor, att han inte uträttat stora ting åt Gud, utan om att han, eftersom han såg allt detta som verkningar av den gudomliga godheten, tillskrev Herren hela äran. Han betraktar hos sig själv endast det som är hans eget och ser i sig blott en total negation av allt gott, av all vishet, av all helighet och av all kraft. Han betraktar sig som han var då han, ännu endast existerande i Skaparens idé, ingenting var i sig själv och då han följaktligen inte kunde vara förtjänt av något och inte göra anspråk på något.

Det är i detta tillstånd själen bör träda inför Gud i bönen för att därigenom på sätt och vis motta existensen på nytt och alla de gåvor, såväl naturliga som övernaturliga, som det behagar Honom att ge henne, under det att hon ber om allt uteslutande av Hans godhet och inte väntar sig något utom som en följd av Hans barmhärtighet. Hon bör framträda inför Gud med den förlägenhet som hon i egenskap av syndare förtjänar, som flyttar ned oss till och med lägre än ett ingenting. I denna egenskap är vi inte enbart helt oförtjänta av Herrens välgärningar, utan vi är också med rätta föremål för Hans hat, värdiga alla skapade varelsers avsky, värdiga att för alltid utestängas från det himmelska kungariket och att förvisas till helvetets djup för att där bli byte för den eviga elden. Vi har visserligen prytts med Guds välgärningar, vi har inte förlorat vår ställning som Hans barn och vi är helt och hållet täckta av Jesu Kristi blod, men alla dessa ärorika och storslagna titlar har för oss blivit till föremål för vanära till följd av det usla bruk som vi har gjort av dem. Hur skall vi framträda inför vår Fader då vi har varit otacksamma och vanartiga barn? Hur skall vi kunna åberopa Kristi blod som vi så ofta har trampat under fötterna? Hur skall vi kunna komma inför helighetens Gud, vi som av oss själva bara är fördärv och synd?

När det gäller dessa överväganden och andra liknande som vi med lätthet kan dra oss till minnes, skall vi vänja oss vid att under bönen hålla fast vid dessa känslor av ödmjukhet, av vilka till stor del dess förtjänst och verkningsfullhet beror.

En fast glöd. Denna glöd är oberoende av de smaksensationer, ljus och hugsvalelser som utgör den förnimbara andakten, en subtil känsla vars ljuvlighet bedövar vår naturs impulser och gör så att själen finner sin tillfredsställelse och sin vila i utövandet av bönen. Denna andakt är en gåva som skall mottas med tacksamhet, men det beror inte på oss om vi får den. Eftersom det inte är denna som gör vår bön mer förtjänstfull och mer behaglig för Gud, kan man inte föreslå den som ett av bönens kännetecken. Man bör till och med akta sig för att i alltför hög grad stödja sig därpå och finna behag däri då man erhåller denna ynnest och också för att trakta efter den med iver då den berövas oss. Det vore att söka sin egen tillfredsställelse och inte Guds. Den fasta och sanna glöden är en verklig och beständig åstundan att behaga Gud, en åstundan som inte alltid är förnimbar, men som visar sig genom sina verkningar och framför allt i att man frivilligt accepterar alla de tillstånd, även de mest besvärliga och förödmjukande, vari Gud ibland tillåter att vi försätts under utövandet av bönen, en åstundan som hos oss är resultatet av en levande tro, av ett fast hopp och av ren kärlek. Medlet för att oupphörligen återuppväcka denna glöd i oss består i att ofta begrunda vad vi är skyldiga Gud, väldigheten av de välsignelser som vi ber Honom om i bönen och behovet vi har att undfå dem.

En barnslig förtröstan. Detta är den första känsla som vår gudomlige Mästare gör till en plikt för oss, då han i den bön som han har värdigats lära oss, förständigar oss att betrakta Gud under den älskvärda egenskapen av *Fader*. Det är detta som Han lagt ned den allra största omsorg på att inpränta i oss såväl genom de mest formella regler som genom de mest rörande liknelser. Det är förtröstan som Han har tillskrivit huvuddelen av de mirakulösa helbrägdagörelser som det berättas om i det heliga evangeliet. Det är denna som bestämmer måttet av de gåvor som man erhåller av Honom. Han förbinder sig att inte neka någonting: "Vadhelst ni ber mig om i era böner, tro, att ni skall få det, och det skall vara er givet." (Mark 11:24).

Förtröstan innehåller inget som står i motsats till ödmjukheten och bör alltid åtfölja den, eftersom ödmjukheten den förutan inte är äkta: Den skulle försvaga oss och kasta oss in i nedslagenhet i stället för att stärka oss och förena oss med Gud. Detta vore snarare ett av den ondes anslag än en gåva av den Helige Ande.

För att utöva ödmjukhet skall vi, med hjälp av sanningens fackla, begrunda vad vi är i oss själva, men vi bör omedelbart, ledda av samma gudomliga ljus, begrunda vad vi är som följd av den gudomliga godheten och av det innerliga förbund som Jesus Kristus har velat sluta med oss. Då vi gör detta, upplöses vårt elände och vår svaghet: de blir liksom uppslukade i Guds välgärningars väldighet, och till och med våra synders fulhet och stora antal förtärs av den gudomliga kärlekens ofattbara eld. Vi är den Allra Högstes kära barn; Hans fullkomligheters insegel är inpräglat på vår själ; vi är levande bilder av Hans Majestät i gemenskap med de saliga själarna, Hans Sons bröder, lemmarna i samme människovordne Sons kropp. Jesus Kristus är vår styresman och som sådan ger Han oss livet. Hans blod, Hans lidande, Hans dygder, Hans förtjänster, Hans rättigheter, Hans kungarike, ja, kort sagt, allt vad Han gjort och allt vad Han äger tillhör oss. Och vice versa, allt, vad vi är, tillhör Honom: allt vad vi gör, allt vi ber om som är förenligt med Guds vilja och den gudomliga nådens princip, det gör Han också och ber om det i oss och för oss. Vi kan inte be om något som är för stort, något större än det som vi redan gjort oss förtjänta av att få i Jesus Kristus och genom Jesus Kristus. Med mindre än att Han ger sig själv, kan Gud inte ge oss en gåva likvärdig med den som Jesus Kristus har berett Honom för vår räkning.

Hur skulle vi då kunna sakna förtröstan i våra böner? Hur skulle vi inte känna oss lugnade av så oräkneligt många yttringar av Guds kärlek till oss? Av så många löften, så ofta och så högtidligt upprepade? "Han som har givit oss Sin egen Son", säger aposteln, "Han som utlämnat Honom för oss till döden, har inte Han på samma gång öppnat alla sina skatter för oss?" (Rom. 8:32). Skulle Han för sig själv ha undanhållit någon ynnest som han inte skulle ge oss?

Det kan hända, det bör till och med hända, i enlighet med Guds vanliga ledning av själarna, att vi under bönen grips av tankar och känslor av nedslagenhet; det är i synnerhet då som vi bör dra oss till minnes dessa överväganden som är så ägnade att återuppliva vår tillförsikt. Låt oss komma ihåg, att, då vi har haft olyckan att glömma att vi är Guds barn, Gud själv inte har glömt att han är vår Fader och att denna egenskap ständigt manar Hans hjärta till vår förmån och att när allt kommer omkring "så har vi hos Honom en förespråkare, en försvarare" (1 Joh. 2:1), vilken intet kan nekas.

En fast och ädel ståndaktighet. Denna sinnesförfattning grundar sig på samma motiv som den föregående, och vår Herre gör därav en plikt för oss på flera ställen i evangeliet. Gud kan inte svika det löfte Han gett oss. Han beviljar alltså oss alla de önskningar vi framför till Honom. Detta är en sak som vi bör var helt förvissade om, men Han gör det ofta på ett sätt som inte är känt för oss. Ofta ser han mer till vårt hjärtas avsikt än till det som vi ber om, eftersom vi tror att det är förenligt med Hans nådiga vilja och mer fördelaktigt för oss. Ofta dröjer Han också länge med att bönhöra oss, även om vi ber Honom om goda saker.

Om Han bara hade sig själv att tänka på, skulle den starka önskan som Han har att ge Sig till oss leda Honom till att utan dröjsmål ge oss alla de goda ting vi ber om, men vårt bästa gör det nödvändigt att Han handlar annorlunda. Det är för att bevara oss i ödmjukhet som Han handlar så; det är för att vi i högre grad skall förstå priset för Hans välgärningar och det behov vi har därav; det är för att vi, då vi undfått dem av Honom, skall ge Honom äran därför och för att vi skall betänka dem med mer omsorg; det är eftersom dröjsmålet återupplivar vår glöd och får oss att utöva många dygder, vilka varje dag ökar vår förtjänst och för oss närmare fullkomligheten. Må vi inte förlora dessa överväganden ur vår åsyn. De är i synnerhet högst nödvändiga för oss, då vi frestas att tro att våra böner under lång tid förblir utan verkan.

Må vår bön vara vördnadsfull, må den vara ödmjuk, må den vara brinnande, må den vara fylld av förtröstan, må den vara ståndaktig och ihärdig. Då kommer vi inte att få vänta länge innan vi av egen erfarenhet får lära känna den ofelbara sanningen i denna profetia av vår gudomlige Mästare: "Var och en som ber, han får; och den som söker, han finner; och man upplåter för den som klappar på porten." (Luk. 11:10).

12. Den omsorg som man bör ägna åt att försvara sig mot frestelser skadliga för bönen

Frälsningens fiende, som vet med sig hur verkningslösa hans konster och ansträngningar är mot dem som i sanning hänger sig åt utövandet av bönen, har för vana att försöka allt för att inge dem avsmak för denna heliga övning eller för att hindra dem från att få någon frukt av den. Vi förebygger den första av dessa två faror genom att låta oss väl uppfyllas av bönens ypperlighet, nödvändighet och otaliga fördelar. Vi undviker den andra genom att till bönen medföra de förhållningssätt som den kräver. Det är även lämpligt, och det är en följd av det som vi har sagt, att vi skall avsky och att vi skall hos oss själva livligt klandra alla frivilliga försummelser som vi kan göra oss skyldiga till under tiden vi ber. Man kan döma om allvaret av dessa fel av den vördnad som man är skyldig det gudomliga Majestätet, som värdigas lyssna på oss då.

13. Distraktioner

Vi må emellertid akta oss för att fyllas av alltför stor oro med avseende på distraktioner som kan komma över oss under bönen, utan att det i detta finns något av vårt eget fel eller också att detta fel är helt ringa och en nästan oundviklig följd av den mänskliga andens naturliga ombytlighet. För att vara skyddad mot denna frestelse som den onde inte underlåter att utnyttja mot de mest brinnande själarna, är det nödvändigt att känna till de olika slagen av distraktioner.

Det finns några därav som härstammar från hjärtat. Man tänker naturligen på det som man älskar. Då man har alltför stor tillgivenhet till något föremål, för någon syssla eller för sig själv, uppehåller man sig vid det och rörs av allt det som har med det älskade föremålet att göra. Av detta följer att under bönestunden en mängd tankar och bilder så att säga uppstiger ur våra hjärtan och visar sig för anden. Dessa tankar är till sitt upphov frivilliga, även om de inte faktiskt är det i varje ögonblick, om man vinnlägger sig om att bekämpa dem. Denna kamp räcker inte: Man måste hugga av roten på dem genom att rena sitt hjärta.

Det finns andra distraktioner som härrör från anden. Dessa är bara frivilliga i den mån man underlåter att bekämpa dem, såframt de inte har uppkommit till följd av en alltför stor förströddhet eller av en alltför stort begeistring i föremål främmande för vårt tillstånd eller av den bristande omsorg man lagt ned på att samla sig och vaka över sina sinnen. Då hjärtat inte alls har någon del i framkallandet av denna typ av distraktioner, behöver man i allmänhet inte bekymra sig om dem, såvida man inte låter sig ledas in i dem frivilligt eller om man inte genast driver bort dem. Ofta är dessa, som redan påpekats, liksom en nödvändig följd av svagheten hos vår ande, som inte kan frigöra sig från tankarna på alla de ting som den sysselsätter sig med; ofta, trots alla våra omsorger, ger sig vår föreställningsförmåga ut på flykt och förirrar sig bort i tusentals ting; ofta presenterar genom dess förmedling demonen, som här drar nytta av den makt han har över fantasin, tusen extravaganta och farliga idéer för anden. Slutligen tillåter Gud ibland, för att pröva en själ som Han älskar, att alla dessa orsaker inträffar samtidigt, och denna själ befinner sig då för en tid i en virvel av tankar, från vilka den inte har kraft att frigöra sig.

Då vi alltså har gjort det som vi kunnat för att förbereda oss för bönen, då vårt hjärta är fritt från allt slags fåfängligt och oordnat begär, då vi lagt oss vinn om att då och då under dagen samla oss, då våra handlingar görs för Gud, då vi i början av vår bön har mer specifikt inriktat vår uppmärksamhet mot Honom och då vi, slutligen, under bönen har den ständiga och fasta viljan att fullgöra den på det mest fullkomliga sättet, bör vi inte göra oss bekymmer, hur stora, ihärdiga och till och med onda de distraktioner som vi drabbas av än är. Den önskan vi hyser om att befrias från dem, den förödmjukelse vi erfar då vi ser oss underkastade dem, det som dessa distraktioner får oss att lida, är tillräckliga skäl för att övertyga oss om att de inte är frivilliga.

Vi må utan tvekan anstränga oss för att driva dem på flykten, men inte genom att bekämpa dem direkt. Vi bör också undvika att undersöka om de är frivilliga, i vilken grad de är det och vad som kan vara orsaken till dem: Denna undersökning kan uppskjutas till ett annat tillfälle. Det är alltså då tillräckligt att samla sig ett ögonblick, att lyfta sin ande mot Gud och att fortsätta sin bön med större uppmärksamhet och glöd. Om distraktionerna ansätter oss oupphörligen och tycks triumfera över våra ansträngningar, låt oss då känna ödmjukhet däröver och tålmodigt lida denna prövning utan att för den skull förlora något av vår själsfrid. Från vilken källa distraktionerna nu än må komma, kan de, förutsatt att vi troget framhärdar i den föresats, i vilken vi inledde vår bön, att däri lova Gud och välsigna Honom med vår själs hela kraft, visserligen väl göra vår bön svårare, men de gör den inte mindre behaglig inför Gud, ja, de tjänar till och med till att öka förtjänsten och nyttan av den.

14. Man bör ofta be Gud om bönens ande

Om vi är övertygade om att vi för att kunna tala på ett värdigt sätt med Gud måste undervisas och få nåd därtill av det gudomliga Majestätet själv, må vi göra det till vår plikt att oavlåtligen be om denna nåd. En oskattbar nåd; en nåd som är helt nödvändig för dem som uppriktigt önskar att varje dag komma en bit längre på Guds vägar; en dyrbar nåd som är vår styrka, vårt ljus, vår tröst; en nåd slutligen som är en källa till en oändlig rad av andra nådebevis, med vars hjälp vi utan fruktan kan färdas på trygga, men branta vägar, vilka vår Herre genom sina exempel har banat för oss och som stakats ut för oss i Hans Evangelium. Vi vet blott att vi har erhållit denna nåd då vi för bönen känner den stora aktning, den hjärtinnerliga tillgivenhet, som oavlåtligen får oss att längtansfullt sucka efter bönen och gör att vi ädelmodigt övervinner alla de svårigheter som påträffas i denna heliga övning. Vi må inte smickra oss om att besitta den i en viss grad av fullkomlighet förrän då vi mer eller mindre fullkomligt förvärvat den heliga vanan att nästan oupphörligen samtala med Gud, den vana vari den ständiga bönen består, som rekommenderas oss så starkt av det andliga livets mästare och som borde vara föremål för alla sanna kristnas föresatser, i synnerhet deras som i all sin vandel föresätter sig att till den fullkomlighet som är gemensam för alla kristna även lägga den evangeliska fullkomligheten.

Ställen ur Skriften

"Man bör alltid bedja och aldrig förslappas." (Luk. 18:1)

"Sannerligen, sannerligen säger jag eder: Allt vad ni ber Min Fader om i mitt namn, det skall Han giva eder." (Joh. 16:23)

"Anden kommer vår svaghet till hjälp; ty vi vet inte att bedja om något så som man bör. Anden själv ber för oss med outsägliga suckar." (Rom 8:26)

"Det finns blott en Herre för alla, och han har rikedomar för alla som åkallar honom." (Rom. 10:12)

"Ni ber och ni får alls intet, ty ni ber illa." (Jak. 4:3)

Del 2. Den mentala bönen

1. Den aktning som helgonen har hyst för den mentala bönen

Helgonen och det andliga livets mästare har slösat de mest storslagna lovord på den mentala bönen, denna övning, vari själen frigör sig, så långt som det är möjligt för den, från det slaveri sinnena håller henne fången i genom förbindelsen med alla de föremål som faller under hennes domvärjo, samlar sig i sig själv och betjänar sig av all den makt som hon har över sina förmögenheter för att inrikta dem på trons övernaturliga föremål, på Gud själv och på allt det som kan föra henne närmare Gud.

De har tillskrivit denna, på ett speciellt sätt, all den godhet och alla de fördelar som i allmänhet tillkommer bönen. De har enhälligt betraktat denna som det mäktigaste och mest effektiva medlet för att dra sig undan lasten, att bryta dåliga vanor, att låta sig uppfyllas av insikten om frälsningens betydelse och om vidden av de plikter som ger oss en kristens särprägel, att tämja lidelserna, att besegra den ondes frestelser, avslöja hans illusioner och göra hans konster om intet, att lära oss också att försaka oss själva, att förvärva varaktiga dygder, att hålla oss på de stigar, mödosamma och besvärliga att följa för vår natur, vilka banats åt oss i Evangeliet, att modigt vandra i Gudamänniskans efterföljd och slutligen att med uthållighet utöva det som Hans undervisning och förebild har lärt människorna av det mest sublima och fullkomliga.

Medvetna om hur mycket av kraft och verkningsfullhet detta medel äger gjorde helgonen bruk därav i den mån som deras ställning och deras oundgängliga sysslor tillät dem; de tog sin tillflykt till den vid varje tillfälle. Den inre bönen var för dem en skola, där den Helige Ande tjänade som deras mästare, ett bålverk dit de drog sig tillbaka för att försvara sig mot sina fiender, en lustgård där de, fjärran från alla skapade ting, underhöll sig med sina själars Brudgum, en mystisk kammare där den store Konungen för dem avslöjat sina allra djupaste hemligheter, ett heligt band som fast, men på ett hänförande sätt, fäste dem vid det enda föremålet för deras kärlek, en gudomlig tjuskraft som mäktigt drog dem till sig och fick dem att löpa med dess större glöd mot dess dofters vällukt.

Låt oss vid betraktandet av dessa den mentala bönens mångfaldiga företräden hysa samma respektfulla känslor mot den som helgonen och låt oss, för att som de utvinna så stora fördelar som möjligt av den, varmt omfatta denna heliga övning och grundligt undervisas om allt som avser den.

2. Det finns inte någon som inte kan utöva den inre bönen

För att hindra oss från att hänge oss åt den inre bönen eller för att få oss att överge den anstränger sig ibland den onde att övertyga oss om att vi inte är skickade därtill, att vi varken har den förmågan eller dygd som en så upphöjd övning kräver.

Detta är ett fatalt misstag varigenom demonen alltför ofta får enkla själar på fall och vilket han har för sed att dölja under en skenfager slöja av ödmjukhet. Ett misstag som ibland härrör från den mångfald av detaljer varmed man fyller den inre bönens olika metoder och alltid från den okunnighet man befinner sig i om vad som utgör sann inre bön och det sätt på vilket man bör utöva den! Ett misstag som det följaktligen är lätt för oss att skydda oss emot genom att betänka att den goda bönen beror mer på hjärtat än på anden, att man, förutsatt att man fått undervisning om religionens mest grundläggande sanningar, är i stånd att tänka därpå och att ur dem framlägga motiv för att leva rätt och visa kärlek, och att detta är nog för att kunna bedja på bästa sätt, att den bästa bönen inte är den under vilken man resonerar bäst utan den där man låter sig mest uppfyllas av de känslor som man bör ha, att andlig subtilitet och naturlig fallenhet ofta skadar mer än de främjar den inre bönen, slutligen att Guds Ande alls icke vill att man skall handla av tvång, att Han älskar friheten och låter var och en följa sin speciella böjelse, när denna böjelse är god och leder anden mot helighet!

Om vi på ett tidigt stadium låter oss uppfyllas av dessa tankar och framhärdar i vår önskan att behaga Herren och på allvar arbeta på vår fullkomlighet, behöver vi alls icke känna någon fruktan, vilken svårighet vi än kan få utstå under bönen, varav frälsningens fiende aldrig kommer att dra fördel så till den grad att han kan övertyga oss om att vi är ur stånd att utföra denna väl och därav utvinna avsevärd nytta för vår förkovran i dygden.

3. Inre bön är inte så svår att utöva som denna tidsålders barn tror

Det är inte tillräckligt för dem som i sanning åstundar fullkomlighet att veta att den inre bönen alls inte är en övning som ligger utanför deras förmåga och att de, eftersom den utgör ett av de främsta medlen som de kan begagna för att nå det mål som de uppställer för sig och vartill Gud kallar dem, inte kan tvivla på att Gud är redo att skänka dem alla de nådegåvor och alla de insikter som de behöver för att utföra den väl. De bör också vara övertygade i sitt innersta om att denna heliga övning inte på långt när innebär de svårigheter som många människor i avsaknad av egen erfarenhet därav föreställer sig finna i den och att tvärtom den är, för alla själar som gripits av en sann åstundan efter fullkomlighet, en ymnig guldgruva, där de inte enbart finner stora andliga rikedomar som mer än väl uppväger all de svårigheter som kan infinna sig vid ett träget utövande av den inre bönen, utan även en stadig frid fylld av ljuvlighet, som ofta får det som dessa svårigheter har över sig av något skrämmande och smärtsamt att upplösas.

För att övertyga oss härom, låt oss betrakta den inre bönens natur. Vad kräver den av själen? Jo, att hon utövar de funktioner som är henne passande såsom en andlig substans, att hon inriktar sig på det mål för vilket Gud har skapat henne, att hon använder sig av sitt **minne** för att erinra sig Hans storhet, Hans välgärningar och det som hon själv bör göra för att bevisa Honom sin kärlek och trohet, att hon använder sig av sitt **förstånd** för att mer och mer övertyga sig om och genomsyras av de sanningar som tron framlägger för henne och som bör bestämma hennes uppförande och att hon slutligen använder sig av sin **vilja** för att kraftfullt och okränkbart fästa sig vid Honom, som ensam är värdig hennes kärlek och för att fatta beslutet om att göra allt som kan behaga Honom och nogsamt undvika allt som står i motsatsställning till Hans oändliga helighet. Sådan är den inre bönens natur, sådana är de krav den ställer. Finns det i allt detta något som inte är perfekt passande för den rationella själens tillstånd? Skulle det vara en så svår sak för henne att göra det som är mest passande för hennes natur, det som är hennes högsta bestämmelse, det för vilket Gud har skapat henne sådan som hon är?

Förvisso befinner sig själen i sitt nuvarande tillstånd i starkt beroende av sinnena, ett beroende som den av synden regerade människans förfall, lastbara vanor och mörkrets furstes ondska ofta förmerat och befäst.

Men vad följer då av detta? Att man måste ta hänsyn till själens svaghet, det håller jag med om. Det vore att kräva för mycket av henne, det vore att kräva en sak av henne som är omöjlig av naturen, om man hävdade att hon i varje ögonblick skulle begränsa sig till att enbart göra bruk av sina andliga förmågor. Men därav följer ingalunda att hon inte under en begränsad tid utan stor möda kan utföra handlingar som är egendomliga för hennes andliga natur, även om hon till gagn för den kropp med vilken hon är förenad offrar nästan alla sina egna omsorger för att ombesörja det som avser denna, ofta i så hög grad att hon glömmer sig själv och snarare uppträder som en simpel slav till sin kropp än som en drottning som bör styra över den och få den att böja sig under hennes vilja.

Vad följer då ytterligare härav? Jo, att vi, då vår av synden för-
därvade natur, understödd av vanans makt och förstärkt av den
onde, trycker ned själen, vänder den omärkbart bort från dess
mest ädla handlingar och håller den kvar i en ovärdig förned-
ring under sinnenas våld, bör för att bistå nåden, som alltid står
i harnesk mot denna fördärvade natur, gradvis hos oss själva i
den mån som det är möjligt minska de akter som rör det natur-
liga liv som vi har gemensamt med djuren och i stället i oss
mångfaldiga de akter som rör det andliga liv som vi har gemen-
samt med änglarna i det att vi, åtminstone då och då, återkallar
vår själ till att utföra de funktioner som är egendomliga för
henne.

Vi kommer att få erfara att då vår själ, i den mån som vi hänger
oss åt den inre bönens heliga utövande med dess större glöd,
därigenom återerövrar den makt som hon bör utöva över sinne-
na och då Jesu Kristi nåd delvis återställer bland hennes fakul-
teter den ordning, som den första människans synd och våra
egna synder där omstörtat, kommer praktiserandet av den
mentala bönen inte bara ej längre att medföra samma svårighe-
ter för oss, utan den kommer att bli liksom naturlig för oss, så
att själen inriktar sig mot den såsom mot sitt centrum. Må vi
då inte underlåta något för att uppnå detta mål! Må det från
början vara föremålet för våra yttersta ansträngningar! Denna
punkt är så mycket mer intressant för oss som den för oss är av
oändligt stor betydelse för att göra oss likasom bekanta med en
övning till vilken vi träget bör ta vår tillflykt och i vilken vi tro-
get bör framhärda, om vi åstundar att bli fullkomliga däri och
att genom en lyckosam egen erfarenhet lära känna de oskattba-
ra fördelar som den ger.

4. Svårigheter som man stöter på vid utövandet av inre bön

Det som vi nyss har sagt hindrar oss dock inte från att erkänna
att utövandet av den inre bönen har sina svårigheter och därtill
i stort mått, svårigheter som härrör ur den brist på praktisk er-
farenhet av denna heliga övning som man har, ur den nästan

kontinuerliga förströddhet i vilken man har levt, ur en okontrollerad fantasis förvillelser, ur de angrepp som den lede frestaren då sätter in, ur leda och avsmak som man där ibland kan överväldigas av, ur undandragandet av de förnimbara nådebevisen och ur de hårda prövningar som Herren där låter de själar som Han utsett till en hög grad av fullkomlighet undergå. Dock vill vi samtidigt tillägga att alla dessa svårigheter absolut inte bör vända oss bort från den inre bönen eller få den att framstå i våra ögon som mindre värd vår uppskattning och tillgivenhet.

Om man faktiskt undersöker dem, om man lägger dem i vågskålen vid sidan av de stora fördelar som tillkommer själen genom ett ständigt praktiserande av den inre bönen, vid sidan av den inre tröst som en brinnande själ där får smaka, kommer man att se, att fördelarna och trösten väger oändligt mycket tyngre än svårigheterna. Man kommer att se att en god vilja med lätthet övervinner de flesta av dessa svårigheter, att de i sig själva till stor del är orsaken till, eller åtminstone tillfälle till, de fördelar och frukter som utövandet av bönen medför, att slutligen Gud anpassar dem till själarnas styrka eller svaghet och att dess nådegåvor tilltar i förhållande till måttet av de prövningar som Han tillåter våra själar att genomgå.

5. Illusioner som man kan råka ut för under utövandet av inre bön

Den inre bönen har sina illusioner liksom den har sina svårigheter, och om själen inte vakar över sig själv med omsorg, skulle dessa villfarelser kunna hindra henne från att utvinna frukt ur bönen och till och med kunna bli en källa till faror för henne. För att förhindra denna olycka är det bra att känna till dem.

Man urskiljer bland dem två slag (jag talar enbart om dem som har sitt ursprung i oss själva).

Den första, som är den som ofullkomliga själar råkar ut för, uppstår alltid till följd av någon brist. Den består i att man tror, att man utövar inre bön, medan man alls inte gör det eller man gör det på fel sätt. Detta sker av följande skäl:

1. Av **lättja** när man kommer till bönen utan förberedelse, utan något bestämt mål, utan tanke på fullkomligheten, utan någon stark avsikt att behaga Gud och när man där nöjer sig med några vaga och ytliga känslor som bara så att säga nuddar vid själen.

2. Av **försumlighet**, när man frivilligt tillåter sig att gå in på främmande tankar och när man knappt gör någon ansträngning alls för att avvisa dem, under det att man emellertid för sig själv urskuldar sig med sin goda vilja.

3. Av **brist på kunskap om vari sann inre bön består.** När man däri mättar anden med resonemang och därpå följande reflektioner, när man stannar vid vackra tankar och när man försummar föresatser, beslut och önskemål.

4. Av **högmod** när man, utan att förmås därtill av Gud, vill av egen kraft upphöja sig själv till en nivå i bönen högre än den på vilken man bör befinna sig.

5. Slutligen av **alltför mycket aktivitet** när man, fjärran från att lyda nådens rörelser, vilka driver oss till att handla på ett enklare och osinnligare sätt, envisas med att handla själv och efter sin egen vilja.

Illusionen i denna brist och den föregående består i att man utan att märka det drar sig undan från nådens ledning och berövar sig dess inflytande... Det är uppenbart, att det i alla dessa fall inte alls rör sig om någon sann inre bön, även om man smickrar sig med motsatsen.

Den andra typen av illusion är snarare typisk för brinnande och redan långt avancerade själar. Den består i att man tror, att man inte alls ägnar sig åt inre bön, när man i själva verket verkligen gör det. Man hemfaller åt denna typ av illusion:

1. När man övertygar sig om att ofrivilliga distraktioner som man omsorgsfullt försöker avvisa är oförenliga med den inre bönen;

2. När man tror att man inte alls ber, eftersom man då man ber är berövad alla förnimbara tecken på andakt;

3. När man, då man råkat in i en form av oförmåga att utföra akter som man har för vana att utföra, blir förskräckt över denna oförmåga, fastän den är en följd av en speciell nåd, vilken leder själen till att be på ett enklare och innerligare sätt.

Den senare typen av illusioner förstör inte bönen som den förra, men den stör den, gör den mindre fruktbar och det kan befaras att demonen utnyttjar den för att få själarna att känna avsmak för bönen, som alltför ofta sker.

Det bästa och kanske enda medlet som man kan använda för att skydda sig och befria sig undan den ena eller andra av dessa illusioner är att då och då för dem som är betrodda med att leda oss på Guds vägar avlägga en trogen redogörelse för det sätt på vilket vi utövar bönen, vad som händer oss under den och de frukter vi utvinner ur den.

6. Den inre bönen bör vara praktisk

Det som vi bör föresätta oss i utövandet av den inre bönen är att se till att den direkt tjänar till vår själs fullkomnande och till vårt framåtskridande i anden genom att förstärka våra andliga krafter, liksom målet för kroppsövningar är att bevara och förstärka kroppens vigör. Detta mål är så till den grad väsentligt för den mentala bönen att det inte räcker, som vid muntlig bön, att den bidrar till vårt framåtskridande i dygden genom de nådegåvor som den åt oss förvärvar från Gud: Den bör på ett mer omedelbart sätt påverka detta framåtskridande. Det är mot detta den bör sträva.

Den muntliga bönen har den fördelen att mer specifikt bidra till de troendes uppbyggelse: Den förenar dem genom gemensam och högtidlig gudstjänst; man uppnår syftet därmed genom att välsigna Gud, tillbedja Honom, framföra tacksägelse till Honom och bönfalla om Hans bistånd. Den mentala bönen, som inte har samma förtjänster, bör kompensera därför genom att bidra till varje enskild troendes särskilda fullkomnande.

Oavsett vilket stadium man nått i den inre bönen, får man aldrig förlora detta mål ur sikte. Man bör hela tiden föresätta sig och arbeta på att nå dithän, även om det inte alltid sker på samma sätt. Om man inte gör så, gör man visserligen inte bönen skadlig eller ens helt och hållet ofruktbar, eftersom det alltid är gott och fördelaktigt att sysselsätta sig med Gud och heliga ting, men detta kan inte annat än i hög grad minska förtjänsten och nyttan av den. Alltså, till de egenskaper hos bönen som vi ovan angivit och som tillkommer den muntliga bönen och den mentala bönen, bör man vad gäller den senare lägga den egenskap som det rör sig om här, nämligen att vara *praktisk,* d.v.s. att vara inriktad på korrigerandet av vars och ens enskilda brister och på förvärvandet av de dygder som man är i störst behov av.

Detta kräver att man är uppmärksam på tre saker. Den första är att man inte bör stanna vid själva bönen som det mål som man där föresätter sig, d.v.s. man bör inte låta sig nöja med att hänge sig åt bönen just för att där tillbringa viss tid på ett sätt som är behagligt för Gud och för att där låta sin ande njuta av heliga överväganden, utan relatera dessa överväganden till vår själs bästa; att man, när man där mottar upplysning och tröst, inte bör njuta därav och inte heller tanklöst hänge sig däråt, utan betjäna sig därav för att framkalla en allt större trohet i tjänandet av Gud. Då å andra sidan denna tröst och upplysning uteblir under bönen, bör man inte sörja över dem och inte heller begära dem med alltför stor iver, utan i detta underkasta sig Herrens vilja, eftersom vi ju inte ägnar oss åt bönen för att däri njuta av tröstevedermälen, utan för att därigenom förbereda oss för arbete.

Den andra saken som vi bör uppmärksamma är att återföra de överväganden som vi gör under bönen, de intryck som vi där får och de beslut som vi där fattar till de mål som vår själ har störst behov av, till utrotandet av vissa brister som står i motsatsställning till vårt fullkomnande och till förvärvandet av de dygder som Gud alldeles särskilt kräver av oss och för vilka han ger oss mest håg, även om dessa oftast är de som strider mest mot våra naturliga böjelser. Detta förutsätter, att man genom att vaka över sig själv och utrannsaka sitt hjärta har förvärvat, åtminstone till en del, självkännedom.

Den tredje saken är att inte nöja sig med att under bönen fatta vaga eller allmänna beslut, utan att därefter gå in på de detaljer som mest berör själens nuvarande tillstånd och behov.

Det vore utan tvivel helt på sin plats att tillämpa dessa principer på specifika fall för att förstå dem bättre. Men, eftersom det finns olika stadier inom den inre bönen, eftersom sättet att genomföra denna under dessa olika stadier inte kan vara likformigt, eftersom följaktligen generella tillämpningar inte passar alla människor och eftersom det som vore nyttigt för somliga, skulle kunna vara skadligt för andra, om de försökte rätta sin vandel därefter, är det lämpligare att först betrakta de olika stadierna av den mentala bönen och därefter beskriva för var och en av dessa de instruktioner som passar detta, det sätt som man bör uppföra sig på däri, de svårigheter man där kan stöta på, de illusioner som man måste skydda sig mot där, det som man måste göra för det ändamålet och hur man skall bära sig åt för att göra sin bön praktisk. Det är det som vi nu med hjälp av den gudomliga nåden och i enlighet med den upplysning som det behagar den Helige Ande att förunna oss har för avsikt att förklara.

7. Olika stadier av den inre bönen

Stadiet i den inre bönen[90] motsvarar för varje själ ganska regelmässigt det tillstånd i det andliga livet som denna själ befinner sig i. Och liksom man med avseende på detta liv först urskiljer tillståndet för nybörjare, andliga personer[91] och själar som redan kommit långt på Andens väg, så urskiljer man på samma sätt i första hand tre olika slag av inre bön: Diskursiv bön, som man benämner meditation, affektiv bön samt försjunkenhetens bön.[92] Dessa tre första bönestadier tillhör den allmänna eller aktiva bönen, det vill säga den typ av bön som man förrättar med hjälp av den ordinära nåden och i vilken själen handlar av egen kraft under bruk av sina förmögenheter understödda av denna nåd, som skänks henne i mer eller mindre rikligt mått.

Därutöver finns det en passiv bön, så benämnd eftersom den är en effekt i själen av ett gudomligt snarare än av dess eget verkande och eftersom själen ingalunda kan nå dit genom sina egna ansträngningar ens med hjälp av den allmänna nåden. Denna bön motsvarar tillståndet hos de själar som gjort avsevärda framsteg. Man benämner den i allmänhet *kontemplation.* Av denna finns en ordinär och en extraordinär form, och var och en av dem har stadier som varierar i det oändliga.

---

[90] Fr. ”le degré d'oraison”

[91] Fr. ”personnes spirituelles”

[92] De termer som Clorivière använder sig av för att beteckna de tre bönestadierna är ”oraison du discours”, ”oraison affective” och ”oraison du recueillement”.

Meditationen är lämplig för nybörjare, men med denna beteckning bör man inte endast förstå dem som just bara har börjat tillämpa den mentala bönen, utan i allmänhet alla dem som nöjer sig med en medelmåttig dygd och som aldrig, åtminstone inte ståndaktigt, har fattat ett fast beslut om att med all kraft sträva mot fullkomlighet, även om de har utövat inre bön under hela sitt liv. Denna grupp är den största, och det är därför det finns ett stort antal böcker som enbart handlar om meditation.

Den affektiva bönen passar andliga personer, som, rörda av en brinnande åstundan efter fullkomlighet och frigjorda från varje känsloband till denna världens och sinnenas goda, blott hyser aktning för andliga ting och har beslutat sig för att offra allt för lyckan att följa i sin gudomlige Mästares fotspår så nära som det är dem möjligt.

Försjunkenhetens bön är deras lott som har gjort avsevärda framsteg på Andens väg. För att räknas till deras skara räcker det inte att ha gjort sig höga tankar om fullkomligheten och att ha fattat fasta beslut om att sträva mot denna, utan man måste ha förverkligat dessa beslut, man måste modigt ha gått igenom åtskilliga prövningar; man måste till stor del vara död för sig själv.

Den passiva bönen eller kontemplationen är de fullkomligas bön, det vill säga dessas som efter en lång rad av fullkomliga akter har förvärvat en stor färdighet i att utföra sådana och ett starkt beroende av den Helige Ande, även om det alltid i detta livet för dem kommer att återstå en hel del ofullkomligheter att övervinna och flera högre stadier av helighet som de bör anstränga sig att komma i besittning av.

Vi kommer att framlägga de tecken med vars hjälp en själ kan känna igen vilken av de olika formerna av bön hon främst bör ägna sig åt. Men för att hon skall göra det med någon grad av säkerhet, är det helt och hållet på sin plats att hon, så långt som det är henne möjligt, för någon, som för egen del är förtrogen med Andens vägar och äger kunskap om den inre bönen, avslöjar sitt själstillstånd och sitt sätt att bedja på och att hon som sitt val håller sig till det som han säger henne.

8. Man bör vanligtvis först ägna sig åt meditationen

De som vill ägna sig åt den inre bönen bör börja med meditationen. Detta är den vanliga vägen och man bör inte avvika från dess passande rörelseriktning, om det står i ens makt att anpassa sig till den.

Det egentliga målet för meditationen är att rena och smycka minnet och förståndet. Men det är lämpligt att dessa två förmögenheter, vilka utgör liksom vår själs öga, först blir välreglerade, att minnet omärkligt töms på tusen onyttiga och farliga ting och fylls av heliga ting, att förståndet upplyses, övertygas, övertalas för att viljan skall inrikta sig mot det goda som framläggs för den och omfamna det med så mycket mer kraft allteftersom den mer lär känna ypperligheten däri. Den ordning som Gud inrättat bland våra själsförmögenheter kräver detta, och det tillstånd av blindhet och okänslighet vari de flesta människor befinner sig beträffande trons föremål, då de inte alls känner till eller underlåter bruket av meditationen bevisar nödvändigheten härav: Den kunskap som de äger om religionen är för det mesta mycket ytlig, deras minne är alltsedan barndomen fyllt av kunskaper utan värde eller åtminstone utan gagn för frälsningen, deras förstånd är inpyrt med falska och skadliga principer. De mest skrämmande sanningar gör inget som helst intryck på deras själ, eftersom de bara svagt tror på dem och aldrig på allvar reflekterar över dem. De är inte helt och hållet okunniga om Gudamänniskans mysterier, men i brist på fördjupad kunskap om dem rörs de knappast av dem. Gud själv är för dem som en främmande varelse, de blir varse Honom bara på ett oerhört avstånd, som nästan helt och hållet döljer Honom för deras åsyn. De sysselsätter sig bara med och talar bara om jordiska ting. Att vilja dra dem bort därifrån, vore att eftersträva att dra upp dem ur deras rätta element. Man skulle kunna likna dem vid de reptiler som är vana vid att leva i ett gyttjigt träsk och som inte skulle kunna överleva i ren och klar luft.

Det är bara genom att ofta och länge meditera över de heliga sanningarna som man gör dem bekanta och på sätt och viss naturliga för sig. Det är alltså en illusion att inte vilja börja den inre bönen med meditationen eller att avsätta alltför litet tid däri och att sträva efter att först höja sig till ett mer sublimt stadium av bönen, om man nu inte är oförmögen att resonera eller en alldeles speciell nådegåva har kommit en till del.

9. Vari meditationen består

Innan man börjar meditera är det nödvändigt att ha ett bestämt ämne som kan ge stadga åt föreställningsförmågan och tjäna som sysselsättning för själen under den tid man har för avsikt att ägna åt denna heliga övning.[93]

Man börjar meditationen med den omedelbara förberedelse, som beskrivits i det tionde kapitlet i första delen. Men utöver denna allmänna förberedelse finns det två saker att beakta inför meditationen.

För det första bör man föreställa sig, så långt som ämnet tillåter det, det föremål över vilket man mediterar som om det vore närvarande inför våra ögon: Om det exempelvis är döden som är ämnet för meditationen, bör vi föreställa oss en människa i dödsångest framför våra ögon. Om det är vår Frälsare i något av mysterierna under hans liv här på jorden, bör vi föreställa oss detta mysterium som om det utspelades framför våra ögon.

---

[93] Fader Clorivières behandling av meditationen bygger i mångt och mycket på S:t Ignatii exercitier. Se Ignatius av Loyola: *Andliga övningar*, Katolska klassiker i översättning nr. 1, Svenska Katolska Akademien, 1960.

För det andra bör man ha i sikte någon brist som man vill rätta till eller någon dygd som man vill förvärva och enträget be Herren om nåden att få skörda denna frukt av sin meditation.

Det är detta som kallas *preludierna*. Målet med den första punkten är att hejda vår fantasis förvillelser; målet med den andra är att göra meditationen praktisk. Dessa preludier kräver ingen särskild ansträngning. Man bör däri uppträda med milt saktmod och bara lägga ned mycket litet tid därpå.

Meditationens huvuddel består i övandet av själens tre förmågor. Minnet erinrar sig ämnet för meditationen, det presenterar för anden de olika punkterna efter varandra. Förståndet begrundar dem, det undersöker omständigheterna, orsakerna och effekterna därav, det väger dem, det jämför dem, det tillämpar på sig själv det som kan passa för den, det drar konsekvenserna därav och ser vad det bör göra och vad det bör undvika. Viljan, som på så sätt väckts av förståndet, producerar diverse akter som motsvarar dessa överväganden: Den anklagar sin slapphet, blir förkrossad över att hitintills ha gjort ett så dåligt bruk av Guds välgärningar, den bekänner sin otacksamhet, den ber om förlåtelse därför, den föresätter sig själv ivrigt att hädanefter leva på ett sätt som mer svarar mot måttet av dess förpliktelser och fattar till följd härav fastare och mer omfattande beslut eller också befästes den mer och mer i de beslut som redan fattats.

Avslutningen av meditationen bör ske med böner som man riktar till vår Herre om att erhålla den frukt som man där föresatt sig. Man kallar dessa böner *samtal,* eftersom man där underhåller sig med vår Herre på ett sätt fyllt med värme och förtröstan. Man föreställer för honom de motiv som kan leda Honom till att bönhöra oss: Faderns härlighet, den kärlek Han hyser gentemot oss, priset av Hans blod, våra behovs omfattning. Man kan också vända sig till antingen den Heliga Treenigheten eller var och en av de gudomliga personerna separat. Dock, då man gör det, bör man alltid låta sig gripasas av den djupa vördnad som gudomens erinran bör inge oss. Det är också välgörande att med glöd bönfalla om den Heliga Jungfruns, änglarnas och helgonens hjälp och ingripande. I synnerhet bör vi aldrig be Gud om något utom i förening med Jesus Kristus och genom Jesus Kristus, Hans enfödde son och det enda föremålet för hans välbehag. Och då vi vänder oss till Jesus Kristus skall vi ta vår tillflykt till Marias mäktiga medling: En ofta upprepad erinring av den vördnadsvärda Jungfrun i våra böner tjänar till att återuppliva vår förtröstan och förlänar oss en myckenhet av nådegåvor.

10. Om ämnet för meditationen

I klostren och i ett stort antal fromma hushåll, där aftonbönen äger rum gemensamt, är man inte alls besvärad av valet av ämne för meditationen, då detta ju bestäms av den läsning man gör; denna läsning bör åhöras med största möjliga uppmärksamhet. Denna uppmärksamhet är helt och hållet nödvändig för dem, som inte i sitt eget hjärta har en tillräcklig kärna av kunskaper för att för dem tillhandahålla ämnen för fromma reflektioner, och kan heller aldrig skada andra. Man får anta att det ligger en speciell välsignelse i det ämne som framläggs genom lydnaden, när man tillämpar det på sig med anspråkslöshet och på ett sätt som står i överensstämmelse med ens dispositioner. Man bör emellertid därvid undvika att handla av tvång; skulle det då för anden yppa sig något annat ämne som starkt berör den och som med mer kraft för den till Gud, bör man inte göra sig någon svårighet att sysselsätta sig därmed.

De som ännu inte är helt och hållet desillusionerade inför världen, men som likväl uppriktigt önskar att bryta med den, har behov av att man under en tämligen lång tid låter dem ägna sig åt meditation över de sanningar som är mest ägnade att frigöra dem därifrån såsom exempelvis människans mål, frälsningens betydelse, skräcken för synden, döden, domen, helvetet och så vidare. Det är lämpligt att man föreslår dem dessa för deras meditation; det är den mest passande näringen för dem. För dem, som har övat sig i den inre bönen en tid, finns det, om de har en god vilja, alls inga ämnen som de inte kan dra nytta av, förutsatt att dessa ämnen inte består av fåfänga och sterila spekulationer. De ämnen som man helst bör fästa sig vid och som man alltid kan välja är vår Herres mysterier och framför allt dem som hör till hans Passion. Man kan avsluta den med dessa ord av vår gudomlige Mästare: "Jag är vägen, sanningen och livet." (Joh. 14:6)

11. Den inre bönens kärna

Även om man i det tillstånd, i vilket vi förutsätter att den själ befinner sig som ägnar sig åt meditationsövningar, bör göra bruk av förståndet i den mån som är nödvändigt för att motivera viljan, bör man härvidlag iaktta en klok försiktighet och inte ge sig hän däråt utan måtta. Man bör nöja sig med ett litet antal bestämda tankegångar; det man läst eller hört läsas förser en med tillräckligt därav; man bör låta sig uppfyllas av detta, man bör utföra trosakter i anslutning därtill, man bör begrunda sitt uppförande, och var och en bör fråga sig om han har handlat i överensstämmelse med dessa sanningar och vad han bör göra i framtiden för att vara dem mer trogen.

Det är där som minnets och förståndets aktivitet bör begränsas. Det är ett stort misstag att mångfaldiga resonemangen eller att bland dem söka fram de alltför subtila, som förtorkar andakten snarare än ger den liv. Vår själ får alls ingen näring av sterila reflektioner: Så snart som man gjort några sådana, bör viljeakterna ta deras plats. Behöver vi verkligen så mycket av övertygelse för att välsigna Gud, för att tacka Honom för hans välgärningar, för att ödmjuka oss inför Honom, för att be Honom om förlåtelse för våra synder, för att därur forma en i hög grad levande ånger och för att fatta de fastaste beslut att undvika de allra minsta fel, i synnerhet dem som vi oftast återfaller i? Om man handlar på ett annorlunda sätt under meditationen, om man alltså där vill fylla sin ande med långa resonemang sammankedjade i varandra, då urartar den till ett mödosamt och tröttande studium och alltifrån den stunden upphör den att vara sann inre bön.

12. Den uppmärksamhet man bör ägna åt att göra sin meditation praktisk

I de överväganden som vi gör, bör vår främsta omsorg vara att återföra dem till den frukt som vi föresatt oss att utvinna därav för vår andliga förkovran. Det är medlet för att göra vår meditation praktisk och att tillse att den influerar vårt uppförande mer. Man kan alltid göra detta, oavsett vilket ämne man har att meditera över.

Låt oss anta att det är vår Frälsares gisslande. Jag begrundar i detta mysterium: 1) Den oerhörda grymheten och skändligheten i plågorna. 2) Orsakerna till varför vår Frälsare genomled den. 3) Sättet på vilket han genomled den.

Om den last jag vill slåss mot är min slapphet i att uppfylla mina plikter, om den dygd jag önskar förvärva är innerlighet, skall jag, efter att ha begrundat övermåttet av smärta och skymf som Gudamänniskan fick utstå i detta mysterium, föreställa mig att Han visar mig sina sår och frågar mig om jag inte har tillräckligt med kärlek till Honom för att kunna besegra min slapphet och för att tjäna Honom på ett innerligare sätt; om det som Han lidit för mig inte förtjänar att jag kommer över min ovilja; om efter det Han gjort det är passande att jag lyssnar så mycket på mig själv o.s.v.

Om det är seger över min högfärd och förvärvandet av ödmjukhet som jag främst har i åtanke, skall jag fråga mig själv: Vem är denne man bunden vid en stolpe och behandlad som den uslaste bland slavar, överöst med skymford, överhopad med nedrighet? Är det min Gud? Ja, det är en Gud, vars vishet är oändlig, det är en Gud som frivilligt förnedrat sig till detta tillstånd för att människan skall lära sig att bli ödmjuk. Jag tror det. Hur kan jag efter detta önska att bli hedrad, ärad? Hur kan jag fly undan ens ödmjukhetens skugga? O.s.v.

Om jag drömmer om att i mig tämja min lust för njutningar, om jag önskar förvärva försakelsens ande, skall jag säga mig själv: Varför inte? Det är ju så min Frälsare behandlar sitt högst heliga och oskyldiga kött, och jag behandlar mitt milt, som är ett syndakött, ett upproriskt kött! Har det då inga som helst brott att sona, är det inte redan alltför mycket motsatt anden? Kan jag verkligen åse Gudamänniskans jungfruliga kött för sin Faders rättvisa dom utstå de plågor som mitt kött gjort sig förtjänt av och samtidigt ge åt mitt eget brottsliga kött alla de tillfredsställelser som jag förmår? Vilket ämne för förkrosselse för mig, att äga så föga av likhet med min Frälsare etc!

Det är lätt att göra en tillämpning av dessa exempel på varje annat ämne för meditationen.

13. De föresatser man bör fatta under meditationens lopp och i synnerhet vid dess slut

Eftersom meditationens resultat främst beror på de goda föresatser man där fattar, bör vi anstränga oss att för våra dylika uppfylla alla de villkor som kan göra dem mer nyttiga. Allmänna föresatser, när de är storslagna och ädla, tjänar i hög grad till att förläna själen storhet och upphöjdhet: Man bör inte negligera dem, men om vi nöjer oss med sådana föresatser, är det att frukta att de förblir utan verklig frukt och rentav tjänar till att i oss nära en hemlig egenkärlek och en fåfäng aktning för oss själva. Det är därför synnerligen nödvändigt att vi, efter att i allmänhet ha fattat de mest kraftfulla och ädla föresatser, går in på de detaljer som är mest ägnade för våra nuvarande behov.

Till exempel, för att hålla mig till de antaganden som vi gjorde i det föregående avsnittet:

Om det är en försummelse som jag kämpar mot, betraktar jag under vilka omständigheter den visar sig mest. Om det är under uppstigningen, under fromhetsövningarna, under händernas arbete etc., skall jag anpassa mina föresatser till detta. Jag skall föresätta mig att undvika det möte, det tillfälle som får mig att förslösa min tid, att handla med mera av nit och noggrannhet i andra sammanhang, att ge mig iväg vid första signalen för att gå dit plikten kallar mig, att utföra varje syssla på ett mer uppbyggligt sätt o.s.v.

Om mitt mål är att frigöra mig från högmodet och bli mer ödmjuk, skall jag fatta föresatsen att avstå från sådana handlingar som jag gör för att utmärka mig eller om handlingen är i överensstämmelse med min ställnings plikter, att utföra den med en stor renhet i avsikten, att i allt ge efter för andra och speciellt vid ett sådant tillfälle då mitt högmod därav kan bli mer ödmjukat, att utföra sådana övningar som åsamkar mig förnedring, att hysa för mina överordnade såväl till det inre som till det yttre den allra största respekt, att anamma deras åsikter och deras tillrättavisningar med ett barns foglighet o.s.v.

Om jag föresätter mig att förvärva försakelsens ande och att tämja den oordnade kärlek som i allt leder mig att söka min egen bekvämlighet, skall jag besluta mig för att skära bort sådana tillfredsställelser som jag tillåtit mina sinnen i strid med Herrens inspirationer, att endast tillåta mig sådana som är i samklang med denna fullkomlighet, att till och med inskränka, i den mån klokheten kan tillåta det, det nödvändigas gränser, att betrakta min kropp som en farlig fiende som man bör kämpa mot o.s.v.

Enligt denna modell kan var och en av oss fatta, i detalj, de föresatser som han tror passar hans behov bäst. Det är inte nödvändigt att fatta ett stort antal därav: Det är bättre att bara fatta en eller två varje gång och att ofta förnya desamma, ända till dess att man nått den punkt där man med lätthet omsätter dem i praktiken.

14. Om samtalet

Samtalet, som avslutar meditationen, kräver att man där uppför sig med stor vördnad och glöd på ett sådant sätt att, om i de andra delarna av meditationen någon försumlighet smugit sig in, om anden låtit sig distraheras eller ägnat sig åt sterila spekulationer, man genom den hängivenhet man lägger in i denna kan gottgöra alla tidigare misstag.

15. Att man ingalunda bör använda alltför mycket av tvång under meditationen

Det är här nödvändigt att tillägga, till tröst för många och deras större uppbyggelse, att även om den meditationsmetod som nyss föreskrivits helt och hållet är i överensstämmelse med den förnuftiga människans natur, med det bruk hon bör göra av sina själsförmögenheter för att nå det mål för vilket hon skapats, med Guds handlande med själarna, med de begrepp som man bör forma om detta tillstånd av inre bön och med allt det som de allra största mästarna i det andliga livet har lärt oss, även om alltså de som verkligen eftertraktar fullkomlighet bör göra allt som står i deras makt för att anpassa sig därefter och inte på något sätt låta sig domineras av sin naturs ballast, som alltid är fientlig till de ansträngningar man bör göra för att samverka med nåden, är det dock, menar jag, nödvändigt att tillägga att i allt det som nyss har sagts om meditationsövningen finns det inte någon regel som är orubblig och att även då man rättar sig därefter, bör man förfara med stor mildhet, undvika alltför stort tvång och göra bruk av en viss frihet i anden.

Man framlägger det som passar flertalet av de troende, och under de flesta omständigheter, men för dem som är förfarna i det inre livet, gör man inga anspråk på att uppställa någon metod som en absolut plikt, ty det tillkommer den Helige Ande att leda själarna, och Han har tusen olika vägar för att göra detta.

Förutsatt att man inte som en följd av lättja eller ljumhet avvisar de medel som här har presenterats för att meditera på ett fruktbärande sätt, är man fri att anamma andra sätt att meditera, om det finns något sådant mer förenligt med ens böjelse och mer nyttigt för ens framåtskridande.

Låt oss också påpeka att, även om nådens verkningar under utövandet av meditationen för det mesta är mindre frekventa och mindre förnimbara än under de andra stadierna av den inre bönen, bör man likväl, om det ändå händer att man några gånger erfar dessa verkningar, vara mycket trogen i att svara därpå. Då exempelvis någon insikt skänks oss där för att tränga djupare in i någon trossanning (när denna inte alls var föremålet för vår meditation), då något av vår Frälsares ord framstår för oss med större kraft, då vi plötsligt känner oss rörda att göra vissa föresatser, att helhjärtat fatta vissa beslut som vi tidigare haft mycket svårt för att fatta, låt oss då tänka att detta är dyrbara verkningar av nåden, att Gud själv talar till vårt hjärta och att vi följaktligen bör låta våra egna resonemang tystas ned och i stället nöja oss med att öppna vårt hjärta för de heliga verkningarna.

16. Man bör modigt övervinna de svårigheter som inställer sig under meditationen

Det är ingen liten svårighet för dem, som börjar ägna sig åt utövandet av meditation, att tvinga sig att härda ut en viss tid på knä, med slutna ögon, med knäppta händer och i en orörlig position, men kraften i den överflödande nåd som då stödjer oss tjänar till att mycket lindra den. För att bispringa denna nåd och för att kompensera bristen på förnimbar tröst bör de överväga hur viktigt det är för dem att inte låta sig avskräckas alltifrån deras första steg på denna väg, att meditationen, ehuru dunkel till en början, kommer att föra oss till en plats av ljus, att den är det första steget på den mysteriernas stege, vars topp döljer sig i Guds egen famn, att det alls inte finns någon vetenskap eller konst, vars början inte kräver mycket av arbete och hängivenhet, att om de är utan inspirationer och utan känslor för Gud, bör de erkänna detta som en rättmätig tuktan för den förgätenhet av Gud, i vilken de kanske måste anklaga sig själva för att ha levt tills nu, att när allt kommer omkring de svårigheter som de genomlider har ett högt värde i Guds ögon, eftersom det är en följd av deras önskan att behaga Honom.

17. Frukt som man utvinner av meditationen

De som under en tid utövat meditationen, om de har gjort det med den glöd de är kapabla till, dröjer inte att däri finna mycket mer av lätthet och ledighet. De främmande bilderna som tidigare gjorde dem nedslagna har till en del utplånats från deras ande genom den omsorg de lagt ned på att driva dem på flykten, de har inte längre lika svårt för att samla sina tankar, och deras hjärta, som har börjat smaka Gud, vänder sig från sig själv mot Gud såsom mot sin lyckas enda centrum. Hjälpta av en starkare och mer genomträngande tro finner de glädje i att begrunda de beundransvärda verkningarna av Guds kärlek och godhet mot människorna, och vart och ett av Gudamänniskans mysterier tillhandahåller för dem en outtömlig mängd av överväganden, där de på grund av svagheten av sin inre syn tidigare inte upptäckte någonting. De behöver alltså ingalunda frukta att lida brist därpå, men att hejdas alltför mycket av det som dessa överväganden har av något slående för deras ande och att underlåta att betjäna sig därav för att göra viljan brinnande och fullkomlig. Då de genom detta medel uppfylls av de stora ting som de nu har vant sig vid att meditera över, kommer de att försmå att ge låga och jordiska tankar tillträde till sin ande och kommer med lätthet att ägna sig åt Gud under dagens lopp. De kommer också att ha mycket mer kraft till att segra över sin motvilja och till att motstå fiendens ingivelser.

Om emellertid meditationen hos dem inte skulle frambringa någon av dessa dyrbara effekter, skall de akta sig noga för att därav dra slutsatsen att de inte är ägnade för den. Om de utforskar sitt hjärtas djup och med omsorg undersöker sättet på vilket de mediterar, kommer de nästan alltid att finna att de gjort sig skyldiga till något betydande fel, antingen genom den ringa förberedelse de ägnat denna heliga övning eller genom det slappa sätt, på vilket de förrättat den. När de är mer brinnande, mer samlade, när de hyser en hög aktning för den inre bönen, när de inte alls beklagar den tid de lägger därpå, utan tvärtom ägnar däråt all den tid de har till sitt förfogande utan att det går ut över deras andra plikter, när de anstränger sig för att förbinda meditationen med sitt andliga framåtskridande och, slutligen, när de troget följer de ingivelser, som de där mottar, och villigt sätter i verket de goda föresatser, som de där fattat, då är det omöjligt att de inte där med tiden finner mer av lätthet och ledighet och därav hämtar mycket stora fördelar.

18. Hur man bör förhålla sig under meditationen då man befinner sig i andlig torka

Vilken åstundan man än hyser efter fullkomlighet, vilken omsorg man än lägger ned på utövandet av meditationen, bör man inte vänta sig att där ständigt erfara samma lätthet och ledighet och samma andakt. Det kommer ibland att hända, till och med de allra mest brinnande i anden, att denna heliga övning för dem kommer ett bli utan smak, utan inspiration och utan tröst, att den kommer att förefalla dem fadd, vare sig det nu kommer sig av deras naturliga läggning eller är en effekt av demonens illvillighet eller en prövning från Gud. Deras föreställningsförmåga kommer då inte att kunna inrikta sig på något, tusen tankar kommer att visa sig för deras ande, deras hjärta kommer att bli rov för tusen begär, frestelserna kommer att anlända i mängd för att belägra dem. De skall då veta att allt detta alls inte inför Gud minskar deras böns värde och förtjänst: Ju mindre nöjda de är med sig själva, desto nöjdare är vår Frälsare med dem. Det är sant att deras bön då inte i egentlig mening kommer att vara en meditation. De kommer inte att kunna forma vare sig överväganden eller resonemang eller föresatser: Det blir en bön av möda och en kamp. Men deras uthållighet i att utstå en sådan plågsam situation utan att vilja förkorta dess varaktighet ett enda ögonblick, kommer att gagna deras själ mer än den ypperligaste meditation.

För att de inte skall bli än mer förskräckta av en sådan prövning, kommer den att anpassas till deras krafter och de nådegåvor som Herren har bestämt för dem. Långt från att nedslås därav skall de därför glädjas över att befinna sig i ett tillstånd, där de kan bevisa Gud sin trohet på ett mer fullkomligt sätt. Utan att alltför mycket försöka tränga in i orsaken till den förändring som skett i dem, skall de ta tillfället i akt att ödmjuka sig, att helt och hållet finna sig i Guds nådiga vilja, att sätta all sin förtröstan till Honom och att med än mer glöd bönfalla om Hans allsmäktiga nåds bistånd.

Om de uppför sig på detta sätt, kommer de av egen erfarenhet att få veta att denna torka och dessa prövningar under bönen inte är mindre nyttiga för dem än de inspirationer och den tröst som man där mottar. Detta är ett medel som Gud vanligen använder sig av för att frigöra själen från sig själv, för att göra den disponerad att erhålla än större nådebevis och mottaglig för mer fullkomliga uppenbarelser.

19. När man litet i taget bör överge bruket av meditationen och passera till ett annat stadium av den inre bönen

Man bör inte lättvindigt överge bruket av meditationen, inte heller dra sig undan dess egen rörelse för ett mer upphöjt stadium av den inre bönen. Det är nu som vi måste tillämpa det råd som vår gudomlige Mästare ger oss att sätta oss längst ned vid bordet då vi är bjudna till gille.

Men det är nödvändigt att alla de som ägnar sig åt inre bön och som önskar uppnå fullkomlighet däri undervisas om att då de av utövandet av meditationen erhållit de frukter som de kunde vänta sig därav, då de på ett levande sätt genomsyrats av religionens sanningar, då dessa sanningar så att säga blivit dem välbekanta, eftersom Jesus Kristus och Hans mysterier nästan alltid är närvarande i deras ande och Han följer dem överallt och ger deras vilja ständigt ny kraft till att med mod följa i Hans fotspår - (verkningar vilka förr eller senare gör sig kända för brinnande själar i proportion till den glöd med vilken de eftersträvar fullkomligheten, men vilka aldrig ljumma själar, som inte ger sig helt och hållet åt Gud, erfar) - då stärker vår Herre, rörd av de mödosamma ansträngningar som dessa själar har gjort för att nå den punkt dit de kommit och i vetskap om att de utan en mäktigare hjälp aldrig någonsin kan komma högre, deras tro så till den grad, gör den så strålande och tänder samtidigt i deras vilja en eld som är så levande av Hans kärlek, att dessa själar, då de blir hjälpta på detta sätt, nästan försmår att betjäna sig av sitt förnuft, vars framåtskridande tycks dem alltför långsamt och inte på något sätt jämförbart med trons, vars djärva flykt genast för dem fram till Gud.

Innan de har nått detta stadium, har de haft behov av att ta sin tillflykt till resonemang av förståndet upplyst av tron, vare sig det gäller att tränga in i de föremål som tron förevisar eller för att framkalla viljeakter, och det hade varit en klandervärd dumdristighet att avstå från dessa. Nu, då tron för dem lagt religionens sanningar alltmer i öppen dag, då den får dem att genomtränga dennas djup och då minsta gnista räcker till för att antända deras vilja, vore det till förfång för dem att alltför mycket stanna vid förnuftsresonemang av alltför stor tillgivenhet gentemot sitt gamla handlingssätt, av den tillfredsställelse som anden har för vana att känna vid sina egna spekulationer och av brist på följsamhet i att svara på nådens rörelser eller beroende på att de inte tillräckligt känner Guds vägar.

Detta kräver en speciell uppmärksamhet hos själen, som känner sig varligt kallad till något mer fullkomligt. Ty, om hon, av vad skäl det nu månde vara, inte följer Herrens inbjudan som kallar henne att stiga högre, utvinner hon inte längre samma frukter av meditationen och kommer inte att finna samma näring i den. Hennes bön kommer då att degenerera till ett långtråkigt studium och hon löper till och med risk att få avsmak för den och att endast vända sig till den med motvilja.

20. Utövande av affektiv bön

Då man befinner sig i det tillstånd som vi nyss har beskrivit och som fordrar den affektiva bönen, inträffar det vanligen att anden nästan helt utan ansträngning för egen del tränger bra mycket djupare in i de föremål som föreläggs den än vad den gjorde tidigare med hjälp av förnuftet och att viljan, livligt inspirerad av en enkel erinring, omedelbart antänds och sedan producerar liksom av sig själv, eller snarare genom den Helige Andes rörelse som alltmer driver på den, de mest ädla och brinnande akter. Den är ett torrt trä, ett lättantänt och väl berett material, som vid den allra lättaste beröring av en brinnande kropp genast flammar upp och frambringar en livlig explosion.

Det är inte så att man principiellt bör avvisa bistånd från förnuftet, till vilket man har behov av att ta sin tillflykt då och då, speciellt i början. Nej, det är till och med så, att de som befinner sig i detta tillstånd bör lyssna till eller läsa böneämnet med lika stor uppmärksamhet, och att deras förberedelse, såväl den omedelbara som den avlägsna, bör utföras på ett mer fullkomligt sätt än under det föregående stadiet. Men så snart som själen påbörjar den inre bönen och ofta till och med när hon försätter sig i Guds närvaro, utan att hon haft tid att begrunda det ämne som hon förelagt sig, genomborrar henne i ena stunden ångern över hennes begångna fel med den allra djupaste smärta och får henne att i sitt inre utstöta rop till Frälsaren för att bönfalla Honom om hans barmhärtighet, medan i nästa stund hon, fylld av tillförsikt vid åsynen av Hans outsägliga välgärningar, kärleksfullt kastar sig i en så ädel och så god Mästares armar. Åsynen av hennes synder inger inte längre själen oro och hon vågar be om allt för sig själv och för andra.

Ibland fyller Gudamänniskans mysterier själen med förundran. Hon betraktar dem som om de utspelade sig framför hennes ögon, hon tillber Gudabarnet i Hans krubba eller i Hans Heliga Moders famn, hon följer Honom på Hans resor, hon lånar sitt öra till Frälsarens gudomliga undervisning, hon stiger efter Honom upp till Golgata och samlar omsorgsfullt upp dropparna av Hans dyra blod. Dessa olika mysterier blir hennes ljuvaste och mest varaktiga förehavande. Vid andra tillfällen deltar hon i de saligas lovsång, hon prisar Guds oändliga fullkomligheter, Honom inför vilken alla andra varelser är som om de alls inte vore till.

Man erfar alltmer under detta bönestadium den ljuva frihet som den Heliga Andes närvaro brukar frambringa hos själarna: *Ubi spiritus, ibi libertas.*[94] Man kan där obesvärat följa nådens ledning. Men eftersom den Helige Ande aldrig någonsin handlar med tvång och låter viljan fritt inrikta sig mot det allra mest fullkomliga, är det lämpligt att i första hand förbinda sig med de föresatser[95] som riktar sig mot vår gudomlige Mästares dyrkansvärda person, och aldrig bör man glömma att göra sin bön praktisk genom att man återför sina olika föresatser till det mål, som man förelagt sig som det mest nödvändiga för ens andliga utveckling, och genom att man fattar beslut som är ägnade därtill.

21. Verkningar som denna bön framalstrar i en ädel själ

De själar som är trogna i att låta de nådebevis och inspirationer som de mottar under detta bönestadium tjäna till deras fullkomnande, erfar strax hur många fördelar som är knutna här-

---

[94] "Varhelst anden är, där är frihet." (Jfr 2 Kor. 3:17)

[95] Franskans "affection" liksom latinets "affectio", som ofta kan användas om känslor och sinnesrörelser i allmänhet, betecknar när det används om bönelivet och så också mestadels hos Clorivière ett element i bönen som inte främst har sin grund i förståndet och tänkandet, utan i viljan. Här översätts ordet ofta som "föresats", vilket då bör förstås som en föresats eller intention, genom vilken själen med viljan så att säga inriktar sig på ett heligt föremål.

till. Deras vyer blir vidgade, deras beslut ädlare, deras framsteg snabbare.

De börjar under detta stadium att mer specifikt ikläda sig Jesus Kristus. Då de formar känslor likartade Hans, känner de större fasa och motvilja mot de minsta brister än vad de tidigare kände inför de svåraste synder. De upphör aldrig att beundra den helt och hållet gudomliga visheten i Frälsarens ord; de finner däri ett dolt manna, av vilket de livnär sig; de av Hans maximer som är mest upphöjda över sinnevärlden och mest motsatta naturen har inte längre för dem något skrämmande över sig.

De förvånar sig över att kristna kan uppskatta och njuta av något annat än det som Guds Son, genom sitt val, har visat dem vara ensamt värdigt deras uppskattning och kärlek.

För att vinna mer av likhet med Honom och för att förena sig fastare med Honom suckar de efter korset, väljer det till brudgum, och all deras strävan går ut på att leva och dö i Hans armar.

Denna överensstämmelse i känslor och intentioner med vår gudomlige Frälsare är det mest säkra kriteriet för att avgöra om denna typ av bön är den som passar oss och om vi därunder uppför oss på ett sådant sätt som gör den gagnelig för oss.

22. Vanliga fel i detta tillstånd och de medel man bör begagna för att undvika dem

Hur gott och hur fördelaktigt detta bönetillstånd än är i sig, riskerar tvärt den ännu ofullkomliga själen att här göra sig skyldig till ett antal fel och ofullkomligheter.

De vanligaste och farligaste torde vara att tro sig ha kommit längre i dygd än vad man i själva verket har, att tro sig vara fullkomlig eftersom man delar fullkomliga personers känslor, att tillskansa sig som en dygd det som i själva verket bara är en verkan i oss av en förnimbar nåd, att alltför mycket fästa sig vid de inspirationer och hugsvalelser som man där får i överflöd, att bli sorgsen och nedslagen då man berövas dem ända till den grad, att man då förlorar sin glöd, att upprepa sina akter alltför mycket eller att helt och hållet negligera reflektionerna, då man med fördel skulle ha kunnat betjäna sig av dem, och slutligen att inte utöva samma vaksamhet mot sig själv och att alltför lättvindigt uppgiva bruket av vissa medel såsom om de inte längre vore nödvändiga för ens fullkomlighet.

Mörkrets ande lägger ned alla mödor på att leda de brinnande själarna till denna typ av fel. Han förvandlar sig till en ljusets ängel, han suggererar fram höga tankar, han ingjuter till och med förfinade känslor av gudfruktighet och han eggar en till att trakta efter stora ting. Och den själ som ännu inte äger tillräckligt med erfarenhet av de inre tingen och inte heller vet att skilja mellan andarna löper risk att låta sig förledas av dessa illusioner.

Medlet att bevara oss mot sådant är att hos oss misstro alla kunskaper och alla intentioner som inte leder till att i oss väcka ett större förakt för oss själva och att inte mäta vårt andliga framåtskridande efter den sublima föreställning vi har om fullkomligheten och inte heller efter de varma känslor vi kan känna, utan efter den varaktiga omsorg vi har om att i allt utöva lydnaden, den inre och yttre försakelsen, kärleken till nästan och alla de dygder som formar en fullkomlig kristen.

Må vi också vara vaksamma på sättet vi uppför oss under bönen och förstå att där bevara en rätt avvägning mellan alltför mycket och alltför litet aktivitet. Då är det rätt tid att handla: Nåden leder oss dit. Men det räcker att svara på och understödja den, utan att låta sig ledas till ett känslosvall vilket till sin princip är naturligt och som kan få ledsamma följder. Ett litet antal föresatser som viljan smakar av och i vilka den vilar sig i lugn och ro är för det mesta bättre än ett stort antal som den frambringar slag i slag med en form av häftighet. Det är också nödvändigt att ibland avbryta sin aktivitet för att ge sig tid att lyssna till Herren, som börjar göra sig hörd oftare för själen i form av heliga ingivelser och goda impulser, som det behagar Honom att omhulda henne med. Slutligen bör man motta Guds gåvor med en fullkomlig självförsakelse, ödmjuka sig och finna behag inte i gåvan, utan i Hans vilja, som i sin barmhärtighet värdigas skänka oss den.

23. Strider som själen ofta har att utstå under detta bönestadium och hur hon bör förhålla sig därunder

Man bör inte förvånas över de så gott som ständiga växlingarna mellan ljuvlighet och torka, mellan ljus och mörker som man erfar vid affektiv bön och de strider som frälsningens fiende där utkämpar mot själen. Detta tillstånd är liksom inkörsporten till fullkomnandet. Naturen, som förutser sitt eget fördärv och inte fruktar något så mycket som en total utblottelse, kämpar där mot nåden med hela sin kraft för att över själen bevara de rättigheter som den hittilldags haft i sin besittning. Den onde underblåser dessa ansträngningar. Passionerna, som hugsvalelsernas ljuvlighet under en viss tid hade liksom sövt, vaknar till liv och ger sig till känna med dess större kraft. Och föreställningsförmågan, som inte längre bromsas av något, eftersom den inte längre paralyseras av de inspirationer som själen tidigare översvämmades av, lägger för anden fram en mängd svårigheter i strävandet efter fullkomligheten, vilka tycks göra denna ogörlig. Man ser inte längre något, man känner inte längre något under bönen, man skulle vilja återvända till bruket av meditationen, men alla de reflektioner man tvingar sig att göra är fadda eller gör inte något intryck på själen. Ingen sanning berör en. Alla själens förmögenheter befinner sig i oro och förvirring, minnet är fullt av onyttiga och ofta extravaganta ting, vilka man trodde för länge sedan var utraderade från anden, förståndet är utan genomträngande blick för Guds angelägenheter, och viljan är för sin del liksom i ett tillstånd av likgiltighet. Dessa prövningar är starkare än de man lidit tidigare, eftersom själen i sitt nuvarande tillstånd är bättre rustad att kunna bära dem. Gud drar sig liksom tillbaka från själsförmögenheterna och intar då enbart det som mystikens författare kallar "andens spets"[96] eller "själens topp"[97] för att själen skall dra sig tillbaka dit med Honom och för att hon skall lära sig att verka på ett mer andligt och mer innerligt sätt.

Den viktigaste omsorgen för dem som befinner sig i denna förvirring och inre oro bör vara att på intet sätt låta sig ledas till nedslagenhet och att inte förlora något av sin tilltro till Guds oändliga barmhärtighet och vår Herres förtjänster. De må övertyga sig om att det som de hemsöks av som mest står i motsats till dygden, då ju detta inte är ett resultat av deras egen vilja, inte på något sätt kan besudla deras själ, så länge som de inte ger sitt bifall till det, känner fasa inför det och gör allt som står i deras makt för att försonas med Gud. De må vara fogligare än någonsin förut gentemot deras råd, som för dem tjänar i Guds ställe, och de må fästa större avseende vid den uppmuntran de kan motta därav än vid alla de tvivel och intryck av fruktan som deras olycksaliga sinnestillstånd kan framkalla i dem.

De må hysa stor omsorg om att mer och mer skrida framåt i ödmjukhet, ty det är Herrens främsta mål med att tillåta dessa prövningar, de må mot frestelserna ställa de motsatta akterna, de må vid varje tillfälle beflita sig om de gedigna dygderna och slutligen må de särskilt klamra sig fast vid Guds vilja, som vare sig är mindre tillbedjansvärd eller mindre älskvärd då den tillåter dessa stormar som förhärjar själen än då den låter en ljuvlig frid regera där.

Om de är trogna i att göra bruk av dessa medel, kommer de därigenom att försaka sig själva och under det att de till och med höjer sig över förnuftet kommer de gradvis att etablera sig i en sfär högre inte bara än sinnena, utan också än de förnuftiga

---

[96] Fr. "pointe de l'esprit"
[97] Fr. "sommet de l'âme"

själsförmögenheterna, i en sfär där tron regerar ensam och där Gud gör sin närvaro känd i lugn och frid till och med mitt under oväder, stormar och frestelser av alla de slag.

24. Tecken genom vilka man kan känna igen om man bör övergå till försjunkenhetens bön[98]

Nya nådebevis är trogna själars lön för att de svarar på Guds avsikter och för att de låter tjäna till sin helgelse både de hugsvalelser och de prövningar, genom vilka Herren gradvis låter dem övergå till detta bönestadium. Deras dygd blir för varje dag allt fastare: De lyfts liksom omärkligt till ett mer fullkomligt stadium. Deras kärlek, om än mer levande, har inte samma behag, eftersom den är mer klarsynt nu. De ser klart, de känner att det vare sig är mångfalden av eller variationen i deras akter som gör att de blir mer behagliga inför Gud, att ju enklare akterna är, desto mer fullkomliga är de och desto mer försätter de själen i det lugn i vilket det behagar Gud att verka. Alltså leder allt renare inspirationer, en större kännedom om de inre vägarna, känslan av deras ansträngningars fåfänglighet, det utmattningstillstånd vari de är och ett slags oförmåga att där de befinner sig åstadkomma det, som de tidigare gjorde med så mycken fördel och tröst för sin själ, dem till att i sitt inre samla alla sina krafter och pö om pö dra sig tillbaka från mångfalden av akter, vilka inte längre har samma behag för dem och som nu snarare än att återkalla dem till Gud skulle bidra till att distrahera dem genom att hindra dem från att följa den Helige Andes ledning.

Då själar, som ända tills nu utövat affektiv bön, blir varse dessa kännetecken hos sig själva, kan de inte längre förnuftigt betvivla att de är kallade till försjunkenhetens bön; och de skulle göra motstånd mot den Helige Ande och skada sig själva storligen, om de påstridigt framhärdade i att inte samarbeta med den kraft som drar dem dit.

---

[98] Fr. ”l'oraison de recueillement”

25. Utövandet av försjunkenhetens eller den enkla blickens bön

I försjunkenhetens bön är själens fakulteter aktiva, men deras aktivitet är mindre distinkt, mer förfinad, mer innerlig, mer isolerad från sinnena än under de tidigare bönestadierna. Denna aktivitet består inte i något annat än att erinra sig Herrens närvaro, som själen söker inuti sig själv, och att milt förjaga varje tanke som kan distrahera henne från det föremål som ensamt äger hennes kärlek. Man är därvid inte mindre uppmärksam på ämnet för meditationen, eftersom detta understödjer den inre samlingen. Minnet erinrar sig det, förståndet begrundar det och viljan är ivrig därtill, men allt detta sker nästan omärkligt: Ett ögonkast är oftast tillräckligt, vilket är skälet till att man också ger denna bön namnet "den enkla blickens bön".

Det skulle vara onyttigt att vilja stycka sönder ämnet och betrakta det i delar för att fördjupa sig i likheterna däremellan och att göra tillämpningar därav för sig själv. Man ser det i dess helhet och utan att hejda sig vid något av det i synnerhet, man ser det bättre, man avtäcker det där mer än vad man skulle ha kunnat göra med hjälp av mer detaljerade undersökningar. Allt erbjuds själen som en helhet på ett diffust sätt, som inte på något sätt distraherar henne från hennes koncentration på Guds närvaro.

Viljans akter är inte mindre enkla än förståndets. Den förblir vanligen i tystnad inför Gud, men det är en kärleksfull tystnad, under vilken den säger allt. Genom denna tystnad och utan distinkta akter betygar den för Gud att den älskar Honom, att den tillber Honom, att den beundrar Honom, att den är beredd att göra allt, att ge allt och att offra allt för Hans kärlek. Den ber Honom om allt, utan att be Honom om något och visar Honom den djupaste vördnad som en skapad varelse kan visa det Gudomliga Majestätet, då den betygar att allt vad den kan säga eller göra är ovärdigt Detta och inte på något sätt i proportion med Dess storhet.

Denna tystnad åtföljs ibland av stor ljuvlighet: Själen vilar då saligt i Gud, som låter den känna Hans närvaro, och den vetskapen hon har om denna tystnads förtjänst avlägsnar varje form av oro från henne.

Ofta är också denna tystnad berövad all ljuvlighet: Man har inte något som helst medvetande om de akter som denna tystnad i högsta grad rymmer. Tron håller ensam ut i Guds närhet och den kärlek som åtföljer den är en korsfäst kärlek eller åtminstone en så förandligad kärlek, att sinnena inte har någon del i den. Det är då som denna bön blir mer sublim och mer förtjänstfull, men själen lider mycket under den, eftersom å ena sidan hon fruktar att hon är inaktiv och å andra sidan de ansträngningar hon gör för att framkalla akter endast gör henne förströdd. Vad mera är, föreställningsförmågan, som inte längre lockas av något smakligt sinnligt lockbete, frigör sig och förirrar sig in på alla möjliga föremål.

De som tror sig befinna sig på detta bönestadium skall lägga ned omsorg på att undersöka om det som sägs här passar in på dem så att de inte bedrar sig själva, antingen genom att fåfängt och under tidsspillan syssla med en böneform som inte alls är ägnad för dem eller genom att avlägsna sig från den av falsk fruktan till stort förfång för deras andliga framåtskridande eller genom att inte under bönen uppföra sig med den inre ro som detta bönestadium kräver eller inte framhärda i den med tillräckligt mod och ihållighet, då de inte längre får stöd av något förnimbart.

26. Dygder som utövas under denna bön

För att hålla sig kvar i försjunkenhetens bön trots de mödor som vi just har nämnt behöver man vara övertygad om att den i sig innesluter en sublim övning i ödmjukhet, i att dö bort från sig själv och i överlåtelse åt och fullkomlig anpassning till den gudomliga viljan. Om man reflekterar, i praktiken, över de dispositioner som man bör äga för utövandet av denna bön, har man inte svårt att övertyga sig om att utblottelsen hos en själ som med en viss perfektion vill utföra den bör sträcka sig ända till att avstå från allt. Hon bör överge allt och efter att ha övergivit allt på sätt och vis överge sig själv och ge sitt medgivande till att hennes förmögenheter till en del förblir berövade sina naturliga funktioner. Hon bör också frigöra sig från vissa medel som tidigare stöttat henne och bidragit till hennes framåtskridande i dygden, ett besvärligt offer för ett stort antal själar och som det är svårt att övertyga dem om som inte helt och hållet har dött bort från sig själva.

Detta tillstånd kräver dessutom en vanemässig försjunkenhet, en ständig omsorg om att späka sinnena och att lägga band på, ja t.o.m. kväva i sin linda, alla de känslor av glädje, fruktan, begär och sorg som inte kommer från Gud och som inte har med Honom att göra, och en oavlåtlig trohet i att motta och följa de gudomliga ingivelserna, även om det medför de mest heroiska offer i total motsats till de naturliga böjelserna.

27. Att man fritt och med saktmod bör följa de goda tankar som då når anden under bönen

Även om utövandet av försjunkenhetens bön huvudsakligen består i en inre samling, i denna uppmärksamhet som man riktar mot Guds närvaro inom sig själv, vare sig man där upptäcker Honom genom en övernaturlig illumination eller genom en inre känsla eller endast genom en dunkel och naken tro, även om man t.o.m. i det sistnämnda fallet, då själsförmögenheterna tycks ha större handlingsfrihet, råder dem, som befinner sig i detta bönestadium att inte lättvindigt överge denna fridfulla och tysta uppmärksamhet på Guds närvaro för att i stället utföra akter, vars mångfald inte kan ha någon annan verkan än att besvära och distrahera dem, bör de emellertid ha klart för sig att denna uppmärksamhet, även om den är mödosam, inte bör vara framtvingad, d.v.s. om en god tanke mot vilken deras förstånd liksom vänder sig av sig själv, kommer över dem, om deras vilja rörs av någon from sinnesrörelse, särskilt om denna tanke och denna känsla gäller Gudamänniskans dyrkansvärda person eller Hans högheliga Moder, bör man akta sig för att göra någon ansträngning för att jaga bort dem. De bör ägna sig däråt saktmodigt och frivilligt; de kommer också av egen erfarenhet att förstå att detta fria sätt att agera fördjupar deras försjunkenhet.

Det inträffar till och med ibland att de, då deras förstånd plötsligt blivit upplyst och deras vilja omfamnad utan att själen har kommit detta åstad genom någon egen ansträngning, finner sig försänkta i den passiva försjunkenhet, i vilken det första stadiet av kontemplationen, som alltid är en följd av ett gudomligt handlande, består.

28. En distinktion som man måste göra mellan verklig försjunkenhet och den naturliga inaktivitet i vilken det är lätt att råka in

Den vanligaste illusionen i detta bönestadium är ett visst tillstånd av naturlig inaktivitet på vilket man lätt inlåter sig och som man kan missta för själsförmögenheternas vila på grund av den inbördes likhet som dessa två tillstånd företer, eftersom själens aktivitet är nästan omärklig i det ena tillståndet och helt och hållet obefintlig i det andra. Något som ytterligare kan hindra en från att skilja dessa två tillstånd från varandra, även om det ena är en högst ypperlig bön och det andra ett skadligt slöseri med tid, är att fantasins irrfärder kan tillstöta, och faktiskt gör det mycket ofta, i båda dessa tillstånd.

Det är därför som alla de, som befinner sig i eller tror sig befinna sig i utövandet av försjunkenhetens bön, bör med stor uppmärksamhet göra följande överväganden för att hjälpa sig att bevara sig för denna illusion eller att ta sig ur den, om de har haft oturen att låta sig överraskas i den.

De bör alltså betänka följande:

1. Inte endast under detta bönestadium, utan även under andra mycket mer sublima sådana befinner sig själarna inte hela tiden på samma upphöjda nivå och, för att pröva dem, tillåter Gud att de återvänder till sitt föregående stadium, och därvid har de ett behov av att resonera och frambringa olika distinkta viljeakter. I detta fall har inte de sant ödmjuka själarna något besvär med att erkänna sin oförmåga att ägna sig åt försjunkenhetens bön och övar sig med samma förnöjsamhet i meditation eller i affektiv bön. De däremot som inte äger samma ödmjukhet fruktar att stiga ned från sitt upphöjda tillstånd, och, då de nu inte längre har stöd av nåden, som ensam kan uppehålla dem där, hemfaller de åt inaktivitet och fattar detta som verklig vila i bönen.

2. Inaktivitet är ofta resultatet av och straffet för ringa, antingen omedelbar eller avlägsen, förberedelse inför bönen. Då man inte lagt ned tillräcklig omsorg på att vaka på sina sinnen och sitt hjärta, då man börjar förslappas i sin glöd och ändå tror att man kan ägna sig åt försjunkenhetens bön som man blivit van vid, för man med sig till bönen både sina distraktioner och sina föga kontrollerade böjelser, och även om man mot sin vilja sysselsätter sig därmed, blir följden, då man inte gör någon ansträngning för att där ersätta dem med goda tankar och heliga böjelser, att hela bönetiden förgår åtminstone i onyttigheter. Försjunkenhetens bön däremot, och denna själsförmögenheternas vila, är alltid, som sagt, frukten av och lönen för en mycket stor vaksamhet mot sig själv och den kontinuerliga omsorg som man lägger på att försaka sig själv. Anden och hjärtat, renade från allt som kan hindra dem från att närma sig Gud, stadgar sig först och vilar sedan i Honom.

3. Det finns alltid en remarkabel skillnad mellan själens sätt att vara då den befinner sig i bönens övernaturliga vila och då den befinner sig i en helt naturlig inaktivitet. I vilan lämnar Gud aldrig själen utan någon form av vittnesbörd om sin närvaro, även om detta vittnesbörd inte alltid är helt tydligt och Gud bara låter sig varseblivas av själen på avstånd i andens spets och i själens djup. Dessutom tar sig den själ, som är uppmärksam på att inte förlora denna syn av Gud ur sikte, även om den är svag, i akt för sin fantasi och utstår med smärta dess irrfärder, medan viljan å sin sida på samma sätt anstränger sig för att inte finna tillfredsställelse i något annat än Gud och för att avvisa alla lockelser som naturen eller demonen framlägger för att hindra henne från att fästa sig vid Gud.

Inget därav är så, då själen är inaktiv. Hon får inte alls njuta av Gud eftersom hon inte gör sig besväret att söka Honom och eftersom Gud inte erbjuder Sig själv till henne på något sätt. Den slapphet som själen då befinner sig i, av egen förskyllan, gör henne okänslig för denna förlust av Guds närvaro och leder till att hon bara svagt gör motstånd mot de tankar och de främmande böjelser som hon angrips av, något som utsätter henne för faran att falla i den lede fiendens fällor.

4. Själen lämnar den verkliga försjunkenheten fylld med en ny kraft som hon hämtat i bönen, medan inaktiviteten i stället till slut lämnar henne lika svag och slapp som hon var dessförinnan.

29. De välsignelser som den verkliga försjunkenhetens bön meddelar

Något som i synnerhet kan inge tillförsikt hos de personer som praktiserar försjunkenhetens bön, som utgör ett mellanting mellan det aktiva och passiva stadiet och som är delaktig i bådaderas natur, det är de stora välsignelser som själen ser sig smyckad med genom dess förmedling.

Dessa välsignelser är en djup frid som själen åtnjuter i sitt inre mitt i yttre bekymmer, vilka borde göra henne upprörd, en frid som gör att själen genast upptäcker och milt undertrycker allt som där kan orsaka någon sinnesrörelse. Det är den makt själen har över alla sina lidelser och den lätthet med vilken hon tyglar dem, om det inte är i tider av prövningar och kraftiga frestelser, då det är nödvändigt att hon stålsätter sig och gör alla möjliga ansträngningar för att hålla dem i schack. Det är undertryckandet av denna naturliga aktivitet, som gör att de flesta människor, även de dygdiga, mottar sina impulser från naturen och inte alls ger nåden någon tid till att påverka sina vanliga handlingar. Det är en fortlöpande omsorg som man hyser om att vaka över sig själv, över alla sina sinnen för att blott tillåta dem tillfredsställelser som är fullt passande och främst över sitt hjärta för att inte tillåta det några andra önskningar än dem som är i överensstämmelse med det rätta förnuftet, vilket är detsamma som Guds vilja.

Det är en känsla för Gud som är mycket mer fullkomlig än den som föds ur alla de överväganden man har kunnat göra. Det är en renare och mer levande åstundan att få uppnå den mest innerliga förening med Gudamänniskan, att inte längre hysa några andra känslor än dem i Hans gudomliga Hjärta och att fullkomligt omvandlas till Honom. Till denna åstundan är knuten en mer innerlig och andlig hängivenhet gentemot den vördnadsvärda Jungfrun, Guds moder, såsom det mest effektiva medlet för att uppnå fullkomnandet därav. Det är slutligen ett stort beroende av den Helige Ande i alla våra göranden och låtanden, vare sig de är inre eller yttre.

De personer som ägnar sig åt utövandet av försjunkenhetens bön kan helt säkert med hjälp av dessa kriterier avgöra huruvida deras bön är äkta och om de gör framsteg däri.

30. Dygder som bör följa med denna bön och en fara som man med omsorg bör undvika

De som hos sig känner igen dessa kostbara verkningar av för-sjunkenhetens och den enkla blickens bön, skall lägga ned den allra största omsorg på att bevara dem genom de medel av vilka de betjänat sig för att förvärva dem: genom en konstant trohet mot nåden, genom en kontinuerlig död för yttre ting, genom ett varaktigt praktiserande av självuppoffring, genom den dju-paste försakelse och ödmjukhet, genom kärleken till korset, ge-nom ett fullkomligt uppfyllande av alla de plikter som deras ställning och lydnaden kräver och slutligen genom flitigt ut-övande av den inre bönen, åt vilken man uppmanar dem att ägna all den tid som deras sysselsättning och den kristna kärle-kens regler lämnar till deras förfogande.

Det kan inte där för dem finnas någon mer beklagansvärd illu-sion eller någon farligare frestelse än om de genom en fåfäng säkerhet inspirerad av det tillstånd de uppnått övertygar sig själva om att de inte längre har något att frukta, att de inte längre har samma behov av att vaka och kämpa och att de kan klara sig utan handlingar och böner väsentliga för varje kristen. En sådan övertygelse kan blott komma från högmodets ande och lögnens fader. Den upplysning som kommer från Gud, även då den avtäcker de Guds gåvor som finns i oss, framkallar där en helt annan känsla, eftersom den visar oss dessa som helt och hållet ett resultat av Herrens barmhärtighet och eftersom den låter oss på samma gång se vår otacksamhet, det oändliga antal fel vi begår, våra dygders ofullkomlighet, de dygder som vi saknar, de strider som vi ännu har att utkämpa, det pressan-de och ständiga behov som vi har av gudomlig hjälp och den fara som vi i varje ögonblick löper att hemfalla åt synden.

Det stämmer visserligen att vi inte längre, i de flesta fall, har att övervinna samma svårigheter, samma ovilja. En lång följd av slag och segrar har befriat oss från dessa, men ju mer man närmar sig Gud, desto klarare varseblir man de fläckar hos sig själv som man måste rena sig från.

Den mer fullkomliga uppfattning om heligheten som man då formar gör att man inser att man knappt har tagit mer än de första stegen på vägen mot denna och att det fortfarande finns en hel del hinder att övervinna. Hinder, som har sitt ursprung i lidelsernas motsträvighet, vars frö alltid finns inom oss och oupphörligen skjuter nya skott, då man minst väntar det; i vår fantasi, över vilken man aldrig fullkomligt blir herre; i människor som för ett öppet krig mot inåtvända själar, mot dem som helt och hållet ägnar sig åt fullkomligheten; i helvetets makter, vilka sätter i verket alla former av finter för att hindra eller försinka våra framsteg i bönen; i Gud själv som ofta, för att pröva vår trohet och öka vår förtjänst dess mer, nedsänker oss i mörker, i smärtor, i avgrunder som får naturen att bäva så till den grad att det då synes själen som om allt vore förlorat för henne och som om hon befunne sig i den upproriske ängelns tillstånd, då denne blev nedkastad från himmelens höjd till helvetets djup, helt och hållet nedsolkad av sitt brott och drabbad av sin Skapares förbannelse.

31. Regelverk utformat av herr Bossuet för dem som befinner sig på detta bönestadium

Till det som vi just har sagt angående försjunkenhetens bön, då den uppnått ett visst mått av fullkomlighet, tror vi oss böra lägga den utomordentliga anvisning som den lärde biskopen av Meaux, Mr Bossuet, har utformat för visitationsklostret i denna stad till fromma för de nunnor som Herren har kallat till detta bönestadium.[99] Alla de som på liknande sätt kallats därtill kommer där att utöver de säkra regler som denna anvisning innehåller också att finna, med hallstämpel från en prästman så

---

[99] När fader Clorivière skrev detta antogs denna text allmänt vara författad av Bossuet, vilket man idag i allmänhet betvivlar.

känd för storheten och renheten i sitt klara förstånd och i sin lära, på vad sätt de kan försäkra sig mot alla de farhågor som de kan komma att hysa.

Kort och enkel metod att förrätta sin bön i tro och i enkel närvaro av Gud, av herr Bossuet, biskop av Meaux:

1. Man bör vänja sig vid att nära sin själ med en enkel och kärleksfull blick mot Gud och mot Jesus Kristus, vår Herre, och för att uppnå denna verkan bör man milt lösgöra henne från resonemang, diskursivt tänkande och från mångfalden av sinnesrörelser för att bevara henne i enkelhet, vördnad och uppmärksamhet och på så sätt låta henne mer och mer närma sig Gud, hennes enda, högsta goda, hennes första princip och slutgiltiga mål.

2. Fullkomlighet i detta liv består i föreningen med vårt högsta goda, och ju större enkelheten är desto fullkomligare blir också föreningen. Det är därför som nåden inombords eggar dem som vill vara fullkomliga att göra sig enkla för att slutligen bli kapabla till njutandet av den Ende nödvändige, det vill säga av den Eviga Enheten. Låt oss alltså ofta från djupet av vårt hjärta säga:

"Du, den Ende, som jag behöver! Det är Dig ensam som jag åstundar, som jag vill ha, som jag söker. Du ensam är nödvändig för mig, min Gud och mitt allt."

3. Meditationen är till stort gagn för sin tid och synnerligen nyttig i början av det andliga livet, men man bör inte stanna där, eftersom själen genom sin trohet i att ödmjuka sig och i att försjunka mottar en renare och mer innerlig bön som man kan kalla *enkelhetens* bön, vilken består i en enkel blick, ett ögonkast eller en kärleksfull uppmärksamhet i tron på något gudomligt fö-

remål, antingen på Gud i sig själv eller något av hans fullkomliga attribut eller på Jesus Kristus eller något av hans mysterier eller andra kristna sanningar. Själen, i det att hon på så vis frigör sig från resonerandet, begagnar sig av en ljuv kontemplation, som gör henne fridfull, uppmärksam och mottaglig för de gudomliga handlingar och intryck som den Helige Ande låter henne få del av. Hon gör föga och får mycket, hennes arbete är lätt och icke desto mindre mer fruktbärande, och då hon kommer närmare källan till allt ljus, all nåd och all dygd, förökas hennes delaktighet däri allt mer.

4. Praktiserandet av denna bön bör börja vid uppvaknandet genom att man gör en trosakt om närvaron av Gud, som finns överallt, och av Kristus, vars blickar, om än vi vore nedkastade till jordens mittpunkt, aldrig någonsin lämnar oss. Denna akt utförs antingen på ett förnimbart och ordinärt sätt liksom en som i sitt inre säger: "Jag tror att min Gud är närvarande" eller utgör den en enkel erinran om tron på Guds närvaro, vilken sker på ett renare och andligare sätt.

5. Vidare bör man inte splittra sig med att producera en mångfald akter eller olika tillstånd, utan förbli enkelt uppmärksam på denna Guds närvaro, mottaglig för Hans gudomliga blickar, och fortsätta med denna hängivna uppmärksamhet eller mottaglighet, så länge som vår Herre ger oss nåd därtill utan att pressa sig att göra andra ting än det som händer oss, eftersom denna bön är en bön tillsammans med Gud allena och en förening som i sig i eminent grad innefattar alla de andra speciella tillstånden och som gör själen benägen för passiviteten, det vill säga att Gud blir den ende härskaren över hennes inre och att Han där verkar mer specifikt än i vanliga fall. Ju mindre den skapade varelsen

anstränger sig, desto kraftfullare verkar Gud. Och eftersom Guds verkan är en vila, blir själen alltså i visst avseende lik Honom under detta slags bön och mottar där också mirakulösa verkningar. Och liksom solens strålar gör att växterna växer, blommar och bär frukt, på samma sätt erhåller däri själen, som är uppmärksam och i all stillhet mottaglig för Rättfärdighetens gudomliga solstrålar, de gudomliga influenser som gör henne rik på alla slags dygder.

6. Fortsättandet av denna uppmärksamhet i tron tjänar för henne till att tacka Gud för de nådebevis som mottagits under natten och under hela hennes liv, som en uppoffring av henne själv och alla hennes handlingar och som en riktning för hennes intentioner och så vidare.

7. Själen inbillar sig att den förlorar mycket genom underlåtandet av alla dessa akter, men erfarenheten kommer att få henne att förstå att hon tvärtom vinner mycket därigenom, eftersom ju större medvetenhet hon får om Gud, desto renare blir hennes kärlek, desto ärligare hennes avsikter, desto starkare hennes motvilja mot synden och desto varaktigare hennes försjunkenhet, hennes försakelse och hennes ödmjukhet.

8. Detta hindrar inte att hon faktiskt producerar några dygdeakter, inre eller yttre, då hon känner sig manad därtill av nådens rörelse; men hennes inres grund och ordinära tillstånd bör vara ovannämnda uppmärksamhet i tro eller i föreningen med Gud, som håller henne överlåten i Sina händer och utlämnad till Sin kärlek, så att Han kan låta Sin vilja ske i henne.

9. Då stunden för bönen är kommen, bör man inleda den i djup vördnad genom det enkla erinrandet av Gud, under det att man åkallar Hans Ande och inner-

ligt förenar sig med Jesus Kristus och därefter fortsätter
på samma sätt; likaså också vid ljudlig bön, körsång,
den heliga Mässan - och till och med samvetsrannsa-
kan, eftersom detta samma trons ljus som bevarar vår
uppmärksamhet riktad mot Gud, kommer att hjälpa
oss att avslöja våra minsta ofullkomligheter och att hy-
sa ett stort obehag och sorg över dem. Man bör också
gå till måltiden med samma enkelhetens ande, vilken
håller en uppmärksam på Gud mer än på att äta och
ger en frihet att bättre förstå den läsning som därvid
görs. Denna praxis fäster oss inte vid något annat än
att hålla vår själ fri från alla ofullkomligheter och fäst
vid Gud och innerligt förenad med Honom, i Vilken
allt vårt goda består.

10. Man bör förströ sig i samma sinnesförfattning för att
ge kroppen och själen någon lisa och inte uttrötta sig
med kuriösa nyheter, obehärskade skratt eller indiskre-
ta yttranden o.d., men bevara sig ren och fri i sitt inre
utan att vara till förtret för andra under det att man of-
ta förenar sig med Gud genom enkla och kärleksfulla
återkomster och erinrar sig att man befinner sig i Hans
närhet och att Han inte vill att man för ett enda ögon-
blick avsöndrar sig från Honom och Hans heliga vilja.
Detta är den mest allmänna regeln för detta tillstånd
av enkelhet. Det är själens övergripande sinnesförfatt-
ning att man bör göra Guds vilja i allt, att se allt kom-
ma från Gud och allt gå till Gud. Det är detta som hål-
ler själen uppe och stärker den i alla slags händelser
och sysslor och detta som till och med vidmakthåller
oss i besittning av enkelheten. Följ alltså alltid Guds
vilja, i Jesu Kristi efterföljd, och var förenade med Ho-
nom som vårt överhuvud. Detta är ett utmärkt sätt att
förstärka denna typ av bön för att genom den sträcka
sig mot den mest solida dygd och den mest fullkomli-
ga helighet.

11. Man bör uppföra sig på samma sätt och i samma anda och förbli i denna enkla och innerliga förening med Gud i alla sina handlingar och sitt uppträdande, i samtalsrummet, i cellen, vid kvällsmåltiden, vid förströelsen. Till detta måste läggas att man i alla samtal bör försöka uppbygga nästan genom att utnyttja alla tillfällen till att uppmuntra varandra till fromhet, till kärleken till Gud, till uträttandet av goda gärningar, till att vara Jesu Kristi väldoft. "Om någon talar", säger S:t Petrus, "så vare hans tal Guds ord" och som om Gud själv talade genom honom. För detta räcker det att man överlåter sig åt Hans ande; Han kommer i varje sammanhang att diktera för en vad som är passande, utan tillgjordhet. Slutligen skall man avsluta sin dag med denna heliga närvaro, vid självrannsakan, aftonbönen och sänggåendet, och man insomnar då i denna kärleksfulla uppmärksamhet under det att man avbryter sin vila med brinnande och väldoftande ord, då man vaknar under natten, såsom så många hjärtats skott och rop till Gud, till exempel: *Min Gud, var allt för mig. Jag vill inte ha något annat än Dig för tid och evighet. Herre, vem är lik Dig, min Herre och min Gud. Min Gud och ingenting annat.*

12. Det bör påpekas, att denna sanna enkelhet får oss att leva i en varaktig död och fullkomlig försakelse, eftersom den får oss att gå till Gud med en fullkomlig rättsinnighet och utan att vi hejdas i något skapat. Men det är inte genom spekulerande som man erhåller denna enkelhetens nåd, utan genom en stor hjärtats renhet och genom sann försakelse och förakt för sig själv; och var och en som undflyr att lida och att ödmjuka sig och att dö från sig själv kommer aldrig att få tillträde dit. Och därav kommer det sig också att så få gör framsteg däri, ty nästan ingen vill överge sig själv, ett misstag genom vilket man gör ofantliga förluster och

berövar sig ofattbara fördelar. Lyckliga är de trogna själar som inte sparar något för att helt och fullt leva för Gud. Lyckliga är de ordenspersoner som troget iakttar alla föreskrifter i enlighet med sin ordensregel. Denna trohet får dem att oupphörligt dö bort från sig själva, från sitt eget omdöme, från sin egen vilja och sina naturliga böjelser och antipatier och disponerar dem på ett beundransvärt, men ofattbart sätt för denna ypperliga typ av bön. Ty vad finns som är mer fördolt än en ordensperson, som i allt enbart följer sina föreskrifter och religionens gemensamma övningar utan att i detta ha något extraordinärt över sig, men som icke desto mindre äger bestånd i en ständig och fullkomlig död? På detta sätt får Guds rike fäste i oss och allt det övriga ges oss frikostigt.

13. Man bör inte försumma läsning av andliga böcker, men man skall läsa med enkelhet och med bönens ande och inte på grund av nyfiken vetgirighet. Man kallar det att läsa på detta sätt, när man låter de insikter och de känslor som läsningen avslöjar för oss präntas in i ens själ, och detta avtryck åstadkommes mer av Guds närvaro än av vår flit.

14. För övrigt bör man underrättas om två eller tre maximer. Den första är att en from människa utan bön är som en kropp utan själ. Den andra är att man inte kan ha ett solitt och sant böneliv utan försakelse, utan försjunkenhet och utan ödmjukhet. Den tredje är att det krävs uthållighet för att aldrig låta sig avskräckas i de svårigheter som man där stöter på.

15. Man bör inte glömma att en av det andliga livets största hemligheter är att den Helige Ande leder oss där inte endast med ljus, mildhet, tröst, ömhet och otvungenhet, utan ännu mer med mörker, ångest, sorg och

känslornas och lynnets omstörtande. Jag understryker, att denna korsväg är nödvändig, att den är god, att den är den bästa och säkraste och att den får oss att nå full-komligheten mycket tidigare. En insiktsfull själ upp-skattar dyrt Guds ledning som tillåter att hon prövas av skapade varelser och överhopas av frestelser och övergivenhet, hon förstår mycket väl, att detta är yn-nestbevis snarare än onåd, eftersom hon mera älskar att dö på korset på Golgata än att leva i ljuvligheterna på Tabor. Erfarenheten kommer med tiden att lära henne sanningen i dessa vackra ord: "Natten är det som upplyser mig och uppfyller mig med fröjd; i min natt finns inget mörker utan allt i den är för mig ett strålande ljus." (Ps. 138:11). Efter själens rening i li-dandets skärseld, genom vilken man med nödvändig-het måste passera, kommer illuminationen, vilan, gläd-jen genom den innerliga föreningen med Gud, vilken för henne gör den här världen, trots den exil den är, till ett litet paradis. Den bästa bönen är den där man hän-ger sig så mycket som möjligt åt de känslor och dispo-sitioner som Gud själv inger själen och där man strävar efter att med större enkelhet, ödmjukhet och trohet anpassa sig efter Hans vilja och efter Jesu Kristi före-bild.

32. Att man på intet sätt bör av sig själv eftertrakta den passi-va bönen

Det tycks att de själar som modigt har hållit fast vid utövandet av försjunkenhetens bön, i synnerhet om deras uppförande har varit sådant som den undervisning som vi precis har betraktat kräver, skulle kunna berömma sig av att ha gjort så mycket som beror på dem för att förbereda sig för den passiva bönen, denna bön under vilken den mänskliga anden upphör att verka för att i stället ge plats åt den gudomliga andens verksamhet. Emeller-tid, när en själ befinner sig i detta tillstånd, något som den ald-rig kan vara helt säker på, kan den aldrig tro sig ha rätt att göra anspråk på denna typ av bön, vare sig av kärlek till dess särskilda godhet, eller för att få del av de tröstevedermälen som man där får smaka, än mindre bör hon kämpa för att nå dit genom vilket medel det nu vara må. Sådana önskningar och ansträngningar tyder på ett dolt högmod hos henne. De utsätter henne uppenbart för risken att bli en lekboll för de grövsta illusioner och, medan hon förblir i denna sinnesförfattning, så når hon inte blott ingalunda det som hon åstundar, utan hon sjunker också oundvikligen från det tillstånd som hon uppnått.

Man kan inte vara nog på sin vakt mot detta fel. Må alltså dessa som genom Herrens nåd har gjort en del framsteg i bönen, nöjda med de nådegåvor som de mottagit, inte i något underlåta att låta dem tjäna till deras fullkomliggörande och må de anse sig själva som helt och hållet ovärdiga de gåvor som de inte fått sig till del. De bör vara övertygade om att, om de är ödmjuka och anpassar sig efter nådens rörelser, kommer Herren alltid att leda dem på den för dem säkraste och heligaste vägen och att de inte alls bör önska sig några andra, att Han ensam kan lyfta dem till den passiva bönen, att detta är en nåd Han bevisar den som det behagar Honom, utan att någon har rätt att klaga över att inte ha gynnats därmed, att Han ibland ger den till själar som ännu är ganska ofullkomliga och att man den förutan kan uppnå en i hög grad upphöjd helighet.

33. Om stillhetens bön

Den passiva försjunkenheten, om vilken vi redan har talat, den som Herren verkar i själen, utan att förnuft och vilja där bidrar alls förutom genom det medgivande som de ger därtill, denna försjunkenhet, som, vill jag mena, bara var något övergående under det tidigare bönestadiet, blir liksom vanemässig i stillhetens bön. Denna försjunkenhet utgör grunden därför. Då själen inleder bönen, även då hon börjar be i avsikt att sysselsätta sig med något speciellt ämne, finner hon sig genast, utan att hon vet hur, försänkt i sitt eget inre med en ljuv känsla av vår Herres närvaro. Visserligen är denna känsla inte särskilt distinkt, men den frid och ljuvlighet som åtföljer den övertygar själen om att Den som hon älskar är nära, att Han själv kommer för att ge henne bevis på sin kärlek, att hon fåfängt söker Honom annorstädes och att hon alltså inte bör drömma om något annat än den lycka som hon får del av.

Det vore svårt att uttrycka vad denna ynnest frambringar i själen. Hon själv bör inte alls reflektera över det. Det är som ett barn som ligger till hälften insomnad i sin moders famn med munnen tryckt mot bröstet och nästan utan att röra sina läppar eller ens vara medveten om det får den mjölk som ljuvt rinner in i dess mun och blir dess näring. Den heliga Teresa och den helige Frans av Sales använder sig av denna liknelse, som verkar vara lånad från den Helige Andes egna ord i Höga visan. De första orden i denna mystiska bok framställer för oss de önskningar som Bruden hyser om att förenas med den gudomlige Brudgummen, hon som dras till Honom genom den outsägliga ljuvlighet varmed hon njuter av att motta *Hans läras mjölk*,[100] en ljuvlighet som hon föredrar framför *det finaste vin och de mest utsökta vällukter* (Höga V. 1:1-3).

Sådant är själens tillstånd under stillhetens bön. När hon känner, ehuru på ett diffust sätt, att den himmelske Brudgummen värdigas att på något sätt ta henne i sina armar, vågar hon hoppas på en ännu mer innerlig förening, eller snarare är det Brudgummen själv som inger i hennes hjärta denna åstundan, vars storhet och ypperlighet hon själv ännu inte känner. Den njutning hon känner då hon befinner sig nära Honom, som hon älskar, tjänar för henne i ordens ställe och vittnar för henne tillräckligt om vilka hennes önskningar är. Hon gör då inget annat och kan inte göra annat än att njuta av det goda hon besitter. Kärleken orsakar hos henne ett slags *berusning* och *lukten av Hans väldoft* hänför henne på ett sådant sätt, att hon glöm-

---

[100] Den i manuskriptet befintliga texten, vilken här föredragits, skiljer sig i denna passus något från den i den tryckta utgåvan.

mer sig själv och överlåter sig åt den gudomlige Brudgummens vilja. Det är Han själv som styr henne. Det är Han som i henne gör allt som nu hemligen händer i henne. Hon bör ingalunda göra sig bekymmer däröver under bönens ögonblick.

Dem som Frälsaren vill visa denna ynnest bör absolut inte ihärdigt göra motstånd mot dessa ljuva och pressande invitationer under någon som helst förevändning, inte ens som en än större försakelse. Det kan inte finnas någon större sådan än den att låta vår Herre disponera själen efter sitt gottfinnande som en sak som tillhör Honom och att dö bort från sitt eget handlande för att motta sina impulser från Honom och bara handla under Hans inflytande.

Här följer bara några råd som kan leda dem under utövandet av denna bön:

1. Det må inte vara den ljuvlighet som själen får smaka under bönen som får henne att utföra denna heliga övning utan enbart längtan att närma sig våra själars gudomlige Brudgum, att visa Honom sin kärlek och att växa till mer och mer i Hans kärlek.

2. Då det under bönen behagar Herren att låta dem få del av Hans kärleksfulla smekningar, må de motta dem med ödmjukhet och enkelhet. *Med ödmjukhet* då de ser på sig själva som små barn, för vilka mjölken är nödvändig och vilka ännu inte skulle kunna tåla fastare föda. *Med enkelhet* genom att inte alls reflektera över det som händer i dem, inte heller över värdet av den ynnest de mottar, inte heller över vad som har kunnat för dem utverka denna ynnest, inte heller över sin lyckas beskaffenhet eller kvalitet. Det är alltså en tid för att ta emot och för att vila.

3. Eftersom det ingalunda är genom deras egen kraft som de har förskaffat sig den vila de njuter, må de inte an-

stränga sig för att förlänga njutningen mer och inte frukta för att avbryta den genom att medge naturen de små lättnader, utan vilka den inte kan klara sig länge som att andas, hosta och så vidare. Alltför stor återhållsamhet på denna punkt torde vara skadligt för kroppen, onödigt för själen och är ett tecken på en oordnad bindning till den njutning som de erfar.

34. Om de olika stadierna av stillhetens bön[101]

Stillhetens bön är inte alltid likadan. Alla själsförmögenheterna är där inte slumrande hela tiden, och de befinner sig inte heller alltid i samma grad av slummer. Ibland förblir minnet oförhindrat tillsammans med föreställningsförmågan, ibland förenar sig förståndet med dem, medan viljan ensam njuter av ljuvligheten i Brudgummens närvaro. Vidare händer det ganska ofta, att hon gör detta på ett föga märkbart sätt. Herren låter då bara sin närvaro förnimmas i *viljans spets* eller *topp,* i det som är mest andligt i denna själsfakultet. Hans verksamhet utspelar sig i det allra innersta av själen, som bara har en svag förnimmelse därav, men denna förnimmelse, så svag som den är, räcker, när själen är trogen och modig, för att bibehålla henne i ett tillstånd av lugn. Det som hon bör göra det är att vara nöjd med det som Gud ger henne utan att önska mer därav; det är att enkelt och tåligt hålla fast vid Hans verkande i tomheten och utblottningen efter hennes eget verkande; det är att inte alls verka för att ernå en njutning som Gud då inte ger henne; det är att hindra viljan från att följa fantasins och förståndets irrfärder, inte ens då hon vill låta dem få del av den förnöjsamhet som hon erfar eller rentav kämpa för att befria sig från deras ofullkomligheter.

---

[101] Clorivières behandling av denna typ av bön har mycket gemensamt med Frans' av Sales diskussion av ämnet i tillämpliga avsnitt av *Traité de l'amour de Dieu.*

Om icke desto mindre någon helig tanke dyker upp i förståndet, kan viljan utan att avstå från sitt viktigaste föremål tillåta det att flyktigt ägna sig åt den som ett sätt att dämpa dess aktivitet och att milt dra det till sig. På detta sätt händer det ofta att Herren, rörd av själens hemliga önskningar och det tålamod, med vilket hon förbidar Honom, själv kommer till själen för att trösta henne och låter henne inträda i en djupare vila genom en ny känsla av Hans närvaro - en känsla som stiger upp ur själens djup som ur den helgedom, vari den bor, och breder ut sig i alla själsförmögenheterna och ibland når ända till de yttre sinnena. Det är denna *utgjutna väldoft* som bruden jämför med Brudgummens namn och vars verkan är att *omfamna Hans kärleks hjärtan* (Höga V. 1:3). Då det behagar Herren att hålla sig dold hela tiden, ger Han själen kraft att uthärda detta plågsamma tillstånd och att därur utvinna de största fördelar. Långt ifrån att nedslå själen gör denna prövning att hennes önskan att förena sig med Honom bara blir större; hon erkänner sin svaghet och besvärjer Honom att komma till hennes hjälp i hennes maktlöshet och att *Själv dra henne efter Sig, för att hon må löpa i lukten av Hans väldoft* (Höga V. 1:3).

35. Verkningar av stillhetens bön

De verkningar som denna bön framkallar i själen, då den har favoriserats av henne under en tid och hon varit ihärdig och modig att följa de goda impulser som hon där mottagit, är helt och hållet underbara. I det inre av denna själ försiggår en förbluffande förändring, som hon inte kan låta bli att tillskriva en större utgjutelse av nådegåvor. Sin försakelse från det jordiska, sitt förakt för det som världen uppskattar, sin avsmak för njutningar, sitt mod och den fasta beslutsamhet som hon vanemässigt befinner sig i att offra allt för förmånen att behaga sin Gud är inte längre frukten av hennes hälsosamma reflektioner och hennes goda föresatser: De är känslor som är så djupt inpräglade i henne att de tycks henne som naturliga. Hon förstår inte hur hon har kunnat vara utan dem, så riktiga och förnuftiga tycks de henne.

Hon kommer mer specifikt under ledning av den Helige Ande, som genom allt oftare förekommande ingivelser och allt livligare inspirationer gör henne mer tydligt underkunnig om Sin nådiga vilja och det sätt på vilket hon bör uppföra sig under de olika omständigheterna. Stärkt av så många speciella bevis som hon dagligen mottar på Herrens hjälp och av så många underpanter som Han ger henne på Sin kärlek, förstår själen då klarare det som hon tidigare bara såg på ett dunkelt sätt, att det är Herren som genom en speciell ynnest *har låtit henne stiga in* eller snarare *själv har fört henne in i Sina vinkällare och Sina fröjders gemak* (Höga V. 1:3 och 2:4). Hon inser att denna ynnest är en underpant på ännu större ynnestbevis, som Herren har bestämt för henne, och föresätter sig nu att uppamma de känslor som kan svara mot Hans kärlek och det val som Han gjort av henne för att överhopa henne med välgärningar. Hon förlorar inte på något sätt sin egen intighet ur sikte, hon grips mer fullständigt av sin egen ringhet och ser enbart fulhet och vanställdhet i sitt eget innersta. Hon frågar sin Älskade hur Han kan älska ett föremål som i sig självt bara är *svarthet* och dunkel, men när hon begrundar de prydnader och behag som det har behagat Honom att smycka henne med, förstår hon, att hon inte är utan *skönhet,* eftersom Han, som är skönheten själv, har värdigats låta henne få del av sina fullkomligheter. Hon ger Honom äran, eftersom hon, trots det elände hon är innesluten i från alla håll och som får henne att framstå som så värd förakt, i djupet av sitt hjärta äger en ovärderlig skatt som i detta avseende liknar *Tabernaklet,* där Herren mitt på *Kedars* uttorkade slätter avgav sina orakel, där det behagade *Salomo* att låta sin storslagenhet komma i dagen, även om det ena som det andra var klätt med djurhudar och inte erbjöd något som var behagligt att skåda (Höga V. 1.4).

36. En mycket farlig fälla som demonen då gillrar för själen

En av de speciella verkningarna av det samröre som sker mellan Jesu Kristi Ande och vår ande under stillhetens bön är en förnimmelse av Gud som vida överträffar den vi hade dessförinnan. På ett mycket mer fullkomligt sätt tränger man in i dessa ord: *Jag är den jag är* (2 Mos. 3:14); Gud framträder då som det enda Varat. Allt annat som är blir i jämförelse med Guds vara som om det inte vore till; själen finner sin Gud överallt, överallt tillber hon Honom och ödmjukar sig inför Honom. Denna ynnest är ytterst värdefull; inget är bättre ägnat att inge själen höga tankar, att få henne att uppskatta Guds gåvor och att fullkomna hennes ödmjukhet.

Men demonen, som vid dessa inledande steg i det övernaturliga livet fördubblar sina ansträngningar att förgöra själen, driven av den avund som den förkärlek Herren visar för henne och de stora välsignelser Han smyckar henne med inger honom liksom också av den fruktan som han hyser för de olyckor som hans välde i och med detta kan få lida och eftersom han smickrar sig med att fortfarande kunna angripa henne från ett överläge, något som han ingalunda kan hoppas på i fortsättningen, utnyttjar nu, vill jag hävda, de höga tankar som själen har om Gud för att gillra en fälla för henne och få henne att begå ett av de farligaste misstag som hon där kan råka in i. Denna består i att övertala henne om att erinran av Jesus Kristus och hans heliga mänsklighet inte längre är nödvändig för henne, att hon inte längre bör sysselsätta sig med annat än den rena gudomligheten, att Gudamänniskans mysterier är ett hinder för denna sublima kontemplation och att hon därför bör vända sin uppmärksamhet bort från dem då de dyker upp i hennes minne.

Låt oss med avsky behandla sådana förslag, vilka genom att avlägsna oss från Jesus Kristus också avlägsnar oss från frälsningens källa och snart berövar oss all kraft och all inspiration. Låt oss komma ihåg att den uppfattning som vi har om Gud uteslutande kommer genom Jesus Kristus och att den enbart ges oss för att vi skall bli ännu mer fästa vid Kristus genom en mer fullkomlig kännedom om de gudomlighetens skatter, vilka finns inneslutna i Honom.

Låt oss komma ihåg, att Jesus Kristus är denne *Konung*, som för oss *öppnar dörren till* kontemplationens mystiska *vinkällare* (Höga V. 1:3) och som ensam kan för oss avslöja rikedomarna där och låta oss smaka på dess outsägliga fröjder.

Låt oss komma ihåg att *den som följer Honom, han skall förvisso icke vandra i mörkret utan skall ha livets ljus* (Joh. 8:12); *att Han är vägen och sanningen och livet* (Joh. 14:6); *att Han är porten för fåren, att det är genom att gå in genom porten som man finner frälsningen, att man går ut och in utan fara, att man finner frodiga betesmarker* (Joh. 10:9); *att Jesus Kriſtus är A och O, begynnelsen och änden* (Upp. 1:8) för alla kunskaper, att allt i religionen hänför sig till Honom, att det är genom Honom som man måste börja och det är genom Honom som man måste sluta, att Han är på samma gång spenabarnens mjölk och *näring för de meſt fullkomliga* (Hebr. 5:12-14), att den store Aposteln erkänner sig, efter att ha ryckts upp till tredje himlen och där kontemplerat det som överträffar all mänsklig fattningsförmåga, icke *veta av något annat än Jesus Kriſtus och den korsfäſte Jesus Kriſtus* (1 Kor. 2:2).

Låt oss komma ihåg att det allra mest fullkomliga löfte som Han ger de trogna är *att de, tillsammans med alla helgonen, skall kunna fatta, vad bredden och längden och höjden och djupet av Jesu Kriſti kärlek är* (Ef. 3:18-19), slutligen att det är *i Jesus Kriſtus som Faderns hela välbehag* är sammanfattat (Matt. 17:5), och att Kyrkan, Hans enda brud och vår gemensamma moder, undervisar oss om att efter Hans förebild ge allt och be om allt i Jesus Kristus och genom Jesus Kristus, vilket låter en förstå tillfyllest, att man aldrig avsiktligen bör avlägsna från sin ande erinran av Jesus Kristus och Hans mysterier.

Det som jag säger om Jesus Kristus, det säger jag också, i lämpliga proportioner, om Hans högheliga Moder, den vördnadsvärda Jungfrun Maria, som man bör betrakta som oskiljaktig från sin Son.

Om det behagar Herren att bara låta oss få en otydlig skymt av Gud, utan vare sig en klar bild eller tanke, ens av Jesus Kristus, såsom tämligen ofta inträffar under den bön, om vilken vi talar, är han mästaren: låt oss överlämna oss utan motstånd till hans ledning. Men vi må inte glömma, att det främsta målet för Hans allra hemligaste arbete i själen är att i oss göra ett avtryck av Gudamänniskans likhet och bild och att därav bör uppkomma i oss en stark tendens som liksom naturligt för oss till Jesus Kristus och gör oss ivriga att mer och mer förena oss med Honom. Om vi inte alls därav får detta avtryck, bör vår bön synas oss mycket suspekt.

37. Prövningar genom vilka själen har för sed att passera under stillhetens bön

Då hon njuter den stilla bönens ljuvligheter, skulle den ofullkomliga själen gärna säga med Petrus på berget Tabor: *Låt oss här göra tre tält* (Matt. 17:4), som om detta liv inte vore en tid av prövning och kamp. För att inte begå detta misstag, må hon erinra sig att vilan enbart gives henne för att hon skall bli förmögen till ännu större arbetsuppgifter, att en tid kommer då denna vila, då dessa ljuvligheter, då denna förnimbara närvaro av den Älskade, då dessa innerliga utbyten som hon har med Honom, då dessa levande förhoppningar som hon smickrade sig med, då allt detta som lät henne smaka en så ljuvlig glädje, helt och hållet kommer att berövas henne. Det kommer att finnas så ringa spår kvar av detta i hennes minne, att hon till och med kommer att tvivla på att hon någonsin fått del av den gudomlige Brudgummens ynnestbevis eller någonsin förts in i Hans vinkällare. Det finns få själar i detta bönestadium som är befriade från någon form av prövning av detta slag.

Det måste till stort nit för att härda ut med detta, i synnerhet då det varar en längre tid. Det är också eftersom de saknar nitet som åtskilliga låter sig förslappas och aldrig når till den fullkomning i bönen, som Herren verkade ha gjort dem disponerade för genom så många nådebevis och som de själva önskade med sådan glöd. De bör bemöda sig om att rätta till de mindre bristerna och med omsorg överväga om det inte å deras sida funnits en viss reservation i de offer som Herren krävt av deras trohet, ty det är ofta detta som gör att Han måste dra sig tillbaka, men allt detta bör göras i frid och utan oro.

Det mål Herren uppställer för sig när han underkastar brinnande själar dessa svåra prövningar är att frigöra dem från all egocentricitet och allt sökande av sig själva i de mest andliga gåvorna, att rena dem mer och mer, att få dem att genom erfarenhet lära känna det som de är i sina egna djup och att förbereda dem på ännu fullkomligare uppenbarelser. Dessa själar, när de är trogna, är inte mindre sköna i Hans ögon, om än de är berövade varje känsla och varje förnimbar glöd. Det är sant att de till det yttre inte har något som kan ge en uppfattning om den inre skönhet som de äger. De talar inte längre högstämt om Gud som de gjorde tidigare. De visar inte utåt starka känslor för Honom. De är oförmögna att uträtta stora ting i Hans tjänst, vilket ibland ådrager dem förödmjukande behandlingar från dem som är *barn till samma moder* (jfr Höga V. 1:5). De måste kämpa utan uppehåll mot sina egna böjelser, vilka i frånvaro av den förnimbara nåden blossar upp med förnyad styrka. Det tycks dem till och med som omöjligt att försvara sig däremot och att inte förfalla till förströddhet och ett stort antal små fel, som bereder dem oändlig förödmjukelse - så stor är deras svaghet!

Men då de nästan inte kan uthärda sin extrema *fulhet,* som de betraktar som ett resultat av den enorma otacksamhet med vilken de besvarat den himmelske Brudgummens *brinnande lidelser,* då de skulle vilja dra sig undan nästans blickar, då de ser sig som ett mål för hela världens hat och förakt, då de helt uppriktigt bekänner sina svagheter och att de fullständigt har förlorat minnet av de tidigare ynnestbevis som gav dem en viss rätt till att göra anspråk på ömmare omfamningar från Brudgummen, då låter dem denne gudomlige Brudgum, som utan att låta sig förnimmas hela tiden uppehöll sig i djupet av deras hjärtan, känna sin närvaro och dessa själars första impulser riktas mot de två stora mysterier, där Hans kärlek till människorna strålar fram dess mer: Det där Han ger sig själv som föda till fåren och det där Han i övermåttet av sin kärlek somnar in på korset i dödens sömn för att ge dem liv. De ber Honom att han skall värdigas låta dem förstå dessa två stora mysterier klart, för att deras ande och hjärta skall mätta sig på dem i lugn och ro och yttre föremål inte längre skall vara i stånd att distrahera dem. *Säg oss,* säger de med bruden, *Du våra själars Älskade: Var för Du din hjord i bet? Var låter Du den vila vid middagstiden?* (Höga V. 1:6). Herren svarar på denna den trogna själens önskningar med nya välgärningar. Han återupplivar hennes tillit genom de ömmaste tecken på Sin kärlek, Han ikläder henne Sin styrka för att hon utan fara skall kunna ägna sig åt de yttre omsorger som tjänandet av Honom kräver.

Här försiggår under tystnad kärleksfulla samtal mellan själen och den Älskade. Den Älskade lovprisar hos själen de dygder som är mest behagliga i Hans ögon och lovar att Han skall smycka henne med sina skönaste gåvor. Och själen *sprider sig liksom en väldoft i närvaron av Honom som vilar i hennes hjärta såsom i en brudsäng* (Höga V. 1:11). Hon tillkännager, att hon aldrig skall förlora Honom som hon älskar ur sikte, inte heller vad Han har lidit för henne, att hon skall bära Honom *som en bunt myrra vid sin barm* (Höga V. 1:12), att Han är för henne som en ljuvlig *druva,* vars saft inger henne ett heligt rus som lyfter henne bortom det sinnliga. Det är på så sätt som själen under de sista stadierna av stillhetens bön förbereds för den stora ynnest som Herren vill göra henne i det påföljande stadiet av bönen.

38. Om föreningens bön

Föreningens bön är liksom slutpunkten för och fullkomnandet av stillhetens bön. Själen befinner sig där i ett mycket mer passivt tillstånd och Guds Andes verkande i den är mycket kraftigare. För att inget skall störa eller avbryta Dess verk upphäver nu denne gudomliga Ande helt, men för en tid som, i synnerhet i början, är mycket kort, själsförmögenheternas funktion, så att dessa, under den tid som detta upphävande varar, inte gör någon reflektion över det som utspelar sig i själen, och de yttre sinnena är redan berövade sina funktioner - åtminstone kan de bara utöva dem med stor svårighet. Själen som har dragit sig undan tillsammans med Herren till de djup i sig själv, vilka ända fram tills nu har varit en stängd plats för henne, mottar där de intryck av Hans kärlek som Han värdigas förmedla till henne, utan att hon där kan samverka i något, då hon saknar varje kännedom därom. Denna kännedom ges henne inte förrän hon återkommer till sig själv. I det ögonblicket äger hon en fast visshet om den ynnest som hon just fått motta och denna visshet är i så hög grad karakteristisk för denna bön och så starkt förbunden med den, att den som därvidlag känner det minsta tvivel, bör hålla det för säkert att han alls inte har undfått denna ynnest, även om han kanske har mottagit något nådebevis som närmar sig detta.

Gripen av den mest levande känsla av tacksamhet och kärlek erkänner hon då denna välgärnings ypperlighet och storhet. Det är inte längre *en Konung,* det är *en Brudgum* full av ömhet som för att berusa henne med sin allra renaste kärleks ljuvliga vin *har lett henne in,* inte endast i sina vinkällare, utan *i denna* förnämsta *vinkällare,* som Han bara öppnar för dem som Han mest omhuldar (Höga V. 1:3, 2:4). Hon känner kraften därav genom de intryck som Han ger henne av sin kärlek. Denna kärlek tilltar och förstärks i den mån det behagar Herren att förnya denna föreningens nådegåva. Själen försmäktar av kärlek. För att *stå ut* har hon ett behov av att oupphörligen erinra sig skönheten hos Honom som hon älskar. Den är som *blommor,* vars doft återupplivar henne; underpanten på Hans kärlek är den ljuvliga *frukt* av vilken hon livnär sig (Höga V 2:5). Vår Frälsares heliga mänsklighet är *den vänstra armen mot vilken hon lutar sig,* medan den gudomlige Frälsaren med sin gudomlighets *högerarm överöser henne med de allra ömmaste tecken på sin kärlek* (Höga V. 2:6) Samtidigt besvär Han *Jerusalems döttrar vid rådjuren och hjortarna på marken* (Höga V. 2:7), det vill säga vid det som de har som mest kärt och vid äventyr av att själva berövas dessa ljuvliga känslor av fromhet, denna hänförelse av kärlek som utgör deras tröst, besvär han dem, vill jag mena, *att inte störa hans älskade förrän hon vaknar av sig själv* (Höga V. 2:7).

Detta nämns här för att överordnade och själavårdare, vilka inte är tillräckligt bekanta med detta sätt att be, inte skall göra anspråk på att efter eget gottfinnande dra själarna bort från denna typ av bön. De kan avgöra om denna bön är äkta genom de verkningar som den skapar i själarna. Förutom de verkningar som vi just har nämnt lämnar denna bön i dem ett beständigt minne av Vår Frälsare och hans mysterier, i vilka hon tränger in på ett mirakulöst sätt, samt en brinnande längtan efter att mer och mer förena sig med Honom. Ty denna bön och den ynnest som man där mottar är ännu bara som ett första sammanträffande mellan två makar; det är inte alls något stabilt och permanent åtagande. Föreningen är här bara övergående, och om själen inte är fullkomligt trogen nu, kommer den aldrig att få vara med om det andliga bröllop som den gudomlige Brudgummen vill fira med den.

Brudgummen anmodar också själen *att resa sig,* Han uppmanar henne *att skynda sig,* Han driver henne på ömmast möjliga sätt att *komma till Honom* genom det ständiga utövandet av de mest hjältemodiga dygder. Han visar henne att *vintern är förbi och att våren kommit för henne* (Höga V. 2:10-13), ty då smyckas själen, prydd med de allra vackraste dygder. Han vill att själen skall höja sig över sig själv för att vittna om sin kärlek till Honom, att hon *som en duva skall dra sig tillbaka i klippväggens gömslen,* det vill säga i Hans sår, och *i öppningen i muren,* det vill säga i Hans öppna hjärta. Det är där som han vill att *hon skall visa sig för Honom och låta Honom höra sin röst* (Höga V.

2:14). Efter detta återstår det bara för Honom *att fånga de små rävarna som fördärvar Herrens vingård* och skadar de blommor som vårdas där (Höga V. 2:15).

Då detta hinder undanröjts, återkommer den Älskade ännu mer gripen av kärlek och meddelar sig med själen på ett så fullkomlig sätt, att hon i sin lycksalighets hänryckning utropar: *Min vän är min, och jag är Hans* (Höga V. 2:16).

Då upphävandet av själsförmögenheterna är över, förblir själen i bön under lång tid, liksom berusad av den outsägliga ljuvlighet som ett så stort nådebevis inger den. Flera timmar kan förflyta utan att hon knappt ens märker det. Hon bör emellertid akta sig för att med hjälp av sina egna ansträngningar vilja förlänga den ljuvlighet som hon fått smaka på, och det bästa hon kan göra är att erbjuda sig åt vår Herre som ett mjukt vax för Honom att värdigas fästa sitt sigill på samt att avge löften för Kyrkans behov, utan att likväl dra sig undan den Helige Andes ledning och utan att lämna den inre vila i vilken Han har försatt henne.

39. Stora prövningar som själen utsätts för under detta bönestadium

Det bönestadium som vanligen följer på det som vi just har talat om är ett helt annorlunda tillstånd. Det är ett slags skärseld som Herren brukar låta de själar genomgå som han vill göra värdiga sitt mest innerliga umgänge. De måste där renas från alla sina fläckar för att kunna få tillträde till denna inre himmel, där Gud ensam bor, och för att kunna upphöjas till den sublima rangen av Hans mest älskade.

De mödor som själen uthärdar i detta tillstånd är mycket större än dem som hon erfarit under de föregående, men de är inte likadana för alla själar. Vi skall här bara tala om de inre av dessa och bara göra det helt kort. Johannes av Korset har utförligt behandlat detta ämne i *Själens dunkla natt,* när han talar om själens passiva rening.

Den främsta smärtan för själen som utsätts för denna prövning och källan till alla de andra är den som Brudgummens frånvaro innebär för henne. Denna smärta blir så mycket större ju mer denna själ har fått smaka Hans trösts ljuvlighet. Först söker hon med stor glöd efter sin Brudgum, men hennes sökande, hennes klagan, hennes ansträngningar är till ingen nytta. Hon hänför sin olycka till sina trolösheter, och strax bemäktigar sig en ofrivillig oro själsförmögenheterna. Denna oro följs av ett tillstånd av likgiltighet och bedövning: Hon berörs inte längre av något, hon finner vare sig hjälp i den läsning som hon ägnar sig åt eller av något som hon hör. Ofta tillåter Gud till och med att det som sägs henne för att trösta henne framkallar i henne en motsatt verkan. Strax kommer frestelser av alla de slag: frestelser mot tron, frestelser mot kyskheten, frestelser till blasfemi och hat mot Gud. Rena och av Gud omhuldade själar blir då som överlämnade åt helvetets makter. Lögnens ande, åt vilken en speciell makt har givits, utövar denna makt med ett ofattbart raseri. Nära förbunden med dessa själar framsuggererar han hos dem sina egna känslor. De har inte längre sinnliga böjelser för annat än det onda och de allra heligaste mysterierna ter sig bara som föremål för raljans. Det tycks dem som om de hade allt att frukta från Gud och inget att hoppas av Honom och att de bara hyser upproriskhet mot Honom. Alla ynnestbevis som de fått av Honom tycks dem som en dröm, och de blir liksom övertygade om att de från Hans sida nu inte längre kan vänta annat än den strängaste behandling.

Sådana är dessa själars vedermödor i detta tillstånd av dunkel och mörker, speciellt då de träder i författning om att be och då de vill ägna sig åt någon fromhetsövning. Emellertid är den övergivenhet vari de befinner sig bara skenbar och deras tillstånd är mer plågsamt än farligt. Herren stödjer dem kraftfullt, om än på ett omärkligt och hemligt sätt, på ett sätt så att de inte begår något allvarligt fel eller något som kan bli till skandal för nästan.[102] Tron, hoppet och kärleken förtätas i djupet av deras själ; även om dessa blott med svårighet kastar ett svagt skimmer, räcker detta svaga skimmer för att stärka viljan och göra den orygglig i det goda, utan att den någonsin ger sitt medgivande till det onda, även om den våldsamma sinnesrörelse som dessa själar hyser därvid ofta får dem att frukta att de har givit sitt medgivande därtill. Den oro som denna fruktan alstrar hos dem tillsammans med deras uthålliga moraliska stränghet kan ensamt lugna den Herrens tjänare som har hand om ledningen av dessa själar, men med långa intervall låter Gud lysa i djupet av deras hjärtan strålar av sin närvaro, som kungör hur kära de är i Hans ögon.

I detta tillstånd vinner de mot nåden trogna själarna desto mer ärorika segrar, ju häftigare och långvarigare angrepp de har att uthärda. De bör utan uppehåll höja sig över sig själva för att handla endast i enlighet med trons principer och maximer, vilket intryck som de än må hemsökas av. De bör överlåta sig till sin biktfaders insikter vad beträffar sitt inre uppförande och i synnerhet sitt nyttjande av sakramenten, och, vad gäller det yttre, bör de vara mera noga att uppfylla alla sin kallelses plikter än någonsin. De bör också så mycket som det står i deras makt utföra akter motsatta de tankar och de känslor som mörkrets ande oavlåtligen inger dem. Det är slutligen, genom en ädelmodig överlåtelse av sig själva i Guds händer, tillbörligt, att när de är som mest ansatta av misstrons och hopplöshetens frestelser, när det tycks dem som om avgrunden öppnade sig för att uppsluka dem, är det tillbörligt att, menar jag, be Herren om nåden att få älska Honom så mycket som det står i deras makt och att, både för tid och för evighet, underkasta sig all den stränghet som Hans rättfärdighet kan kräva av dem.

---

[102] "Skandal" skall här förstås i teologisk mening som något som förleder nästan till synd.

Detta uppförande bör vara lika länge som dessa vedermödor, vilka ibland varar i kanske flera år, beroende på om det behagar Herren och de avsikter med helgelsen han har för dessa själar. Emellertid får man anta, att en större trohet hos själen att svara på Guds planer för henne skulle kunna förkorta tiden för prövningarna och påskynda Brudgummens återkomst.

Men för att själen skall kunna njuta av det saliga tillstånd som Herren bestämt för henne, måste hon genomlida ytterligare ett slags martyrium, ett kärlekens martyrium, där själen på samma gång uthärdar de mest livliga smärtor och det mest fullkomliga välbehag. På känslor av outhärdlig fruktan följer känslor av den allra mest levande och ömma kärlek. Men detta är inte en njutningsfull kärlek som under föreningens bön; det är en trånande och sårad kärlek, som inte kan leva långt från den älskade och som likväl ser sig skild från Honom, utan att veta när dess önskningar slutligen kommer att uppfyllas. Själen suckar natt och dag efter sin Gud och frågar allt skapat efter Honom, och eftersom det skapade bara kan visa henne Honom på ett alltför ofullkomligt sätt, blir allt skapat outhärdligt för själen. Sällskapet med andra själar kan inte trösta henne, eftersom de inte är Han som själen älskar. Alla himlens fröjder är, Honom förutan, inte i stånd att tillfredsställa henne.

Eftersom hon betraktar livet som ett hinder för njutandet av sin lycka, påskyndar hon genom sina böner det ögonblick som bör avsluta dess lopp, och det som är mest trösterikt för henne, det som mest hjälper henne att tåligt uthärda livet, är det hopp hon hyser att kanske den innevarande dagen skall bli den sista av hennes dagar. Våldsamheten i hennes kärlek är sådan att kroppen förtärs och avtynar påtagligt, och utan tvekan skulle själen strax duka under, om Han som upptänder en så stor eld i själen inte då och då kom för att dämpa branden med ljuvligheten av Sin närvaro.

Dock, nu är de besök Han gör hos henne av föga varaktighet, och dessa nya bevis på Hans kärlek och det som Han låter henne erfara av Sina fullkomligheter tillför ny glöd i denna själs eld och fördubblar hennes plåga. Det är en veritabel skärseld, där själen fullbordar sin rening genom den fasa hon känner inför allt hos henne som skulle kunna misshaga hennes Guds oändligt heliga öga och utgöra ett hinder för den innerliga förening som hon åstundar att ingå med Honom.

40. Ett tillstånd av förening mer stabilt och mer fullkomligt än det första

Det är efter det stadium som just har beskrivits som själen äntligen får tillträde till Lammets bröllop; helgedomens port står öppen för den. Den hade varit öppen tidigare under föreningens bön, men den hade bara varit det under korta intervall; nu mottas själen i helgedomen, och det står henne fritt att framdeles ha sin varaktiga stad där. De tre gudomliga personerna, som har sin boning på denna plats, värdigas där uppenbara sig för henne, i enlighet med detta vår Herres ord, vilket uppfylls på ett speciellt sätt: *Om någon älskar mig, så håller han mitt ord; och min Fader skall älska honom, och vi skall komma till honom och taga vår boning hos honom* och detta: *Jag skall älska honom och skall uppenbara mig för honom* (Joh. 14:23; Joh. 14:21). Det gudomliga Ordet förenar sig med själen och omfamnar henne på ett outsägligt sätt, och själen, omgiven av Hans strålglans och helt satt i brand av kärlek till följd av denna gudomliga omfamning, förlorar då helt och hållet sig själv och utgjutes i Guds sköte och *hon blir* där, utan att för den skull upphöra att vara till, *en ande med Honom* (1 Kor. 6:17). Himmelen, jorden, själen själv, allt försvinner för hennes ögon: hon ser bara Gud; utan att se Honom som Han är i sin härlighet, känner hon Honom genom den ljuva erfarenheten därav mycket mer fullkomligt än våra yttre ögon känner den synliga solen, som skickar ut sina strålar mot dem.

Det vore omöjligt att i ord beskriva de strömmar av en helt och hållet himmelsk fröjd som nu sprider sig i själen och hur underbara de verkningar är som denna ynnest där ger upphov till. Själen är liksom gudomliggjord; hon är helt uppfylld av Gud, som en järnklump mitt i en het smältugn och genomträngd av eld. Hon förblir utan tvivel inte alltid i detta tillstånd, och hon erfar inte hela tiden dessa gudomliga hänryckningar lika intensivt, men hon har liksom inrättat sig på en vistelseort av ljus och frid, där ingenting kan oroa henne, där inget som händer berör henne alls, varifrån hon betraktar sina lidelser som fastkedjade och förgäves i uppror för att skada henne. *Hennes liv är fördolt i Gud* (Kol 3:3); *hennes umgänge är i himmelen* (Fil. 3:20); *hon har inte längre smak för något på jorden* (Ps. 72:25); *hon lever i full avhängighet av Guds Ande* (Rom 8:14); *hon har helt iklätt sig Jesus Kristus* (Gal. 3:27). Hon har förvandlats till Jesus Kristus; hon handlar, hon lider, hon tänker som Jesus Kristus; slutligen kan hon säga med aposteln: *Jag lever, men nu lever icke mer jag, utan det är Jesus Kristus som lever i mig* (Gal. 2:20).

Emellertid bör man veta att på detta stadium liksom på alla de andra finns det mer eller mindre och att hur upphöjt det än är, kan det ändå bli ännu mer, eftersom man alltid kan närma sig Gud och fjärma sig mer och mer ifrån sig själv.

För övrigt så behagar det ibland den Helige Ande att som en övning för de allra heligaste själarna på sätt och vis återföra dem till de första stadierna av det andliga livet, som om de bara skulle påbörja sin bana, och de verkligt ödmjuka själarna är då lika nöjda som när de upphöjdes till tredje himlen. Hela deras strävan är att fortlöpande avkläda sig sin egen vilja och att inte ens i den allra minsta sak störa Guds handlande, utan att i lugn och ro söka lyda Hans minsta vink. Då det behagar Honom att dra sig tillbaka för att låta dem handla, är de noga med att inte förbli i en skadlig sysslolöshet och ägnar sig åt handlingar som de vet är i enlighet med Hans nådiga vilja och nödvändiga för den kristne, men de lägger sig vinn om att utföra den på ett fridfullt sätt, som gör dem mer mottagliga för den Helige Andes inflytande, då Han värdigas på nytt gynna dem med denna ynnest.

Även om man skulle kunna jämföra dessa själar med *Salomos bröllopsbädd, kring vilken de ypperSta av hjältarna i Israel iförda sina ruStningar vakar mot nattens överraskningar* (Höga V. 3:7-8), såtillvida som Försynen uppmärksamt vakar över dem, kan man emellertid inte lägga något till den omsorg med vilken de själva vakar över sina handlingar. De fruktar mer än någonsin att misshaga den gudomlige Brudgummen, men med en fruktan full av kärlek och förtröstan, som utan att oroa dem gör dem minutiösa i de minsta plikter, eftersom de vet hur mycket Guds Ande är angelägen om att se denna trohet hos dem och eftersom lätta brister, *som bedrövar Guds Ande* (jfr Ef. 4:30), skulle tvinga Honom att avlägsna sig från dem och leda dem nästan omärkligt till de svåraste fel. För sina ögon har de Davids exempel, denna människa efter Guds sinne, denne profet med vilken Gud alltsedan barndomen umgåtts på ett unikt sätt, *för vilken Han avslöjat sina allra hemligaSte mySterier* (jfr Ps. 50:8) och som han så ofta värmt med sin kärleks hetta. Hans fall lär dem vad som skulle kunna hända dem själva. Likaså, även om det tycks dem att skapade ting inte längre skulle kunna göra något intryck på deras hjärtan, är de inte mindre sorgfälliga med att inte tillåta sina sinnen någon som helst frihet, och när det händer att de gör sig skyldiga till något fel, ödmjukar de sig djupt däröver och lägger ned stor omsorg på att tvätta bort de fläckar som de fått och tar prompt sin tillflykt till den heliga bassäng som vår Herre har berett oss i botgöringens sakrament genom utgjutandet av sitt blod.

Den som inte uppför sig på det sättet, den som tror att han själv är bortom fara att synda, är helt klart i villfarelse, vilken ynnest han än må ha mottagit. Denne bör erinra sig det som Aposteln säger: *Jag tuktar min kropp, jag kuvar den av fruktan att jag som predikat sanningen för andra inte själv skall bli för-dömd* (1 Kor. 9:27). Han bör också erinra sig dessa ord av den älskade lärjungen: *Om vi säga att vi icke hava syndat, så göra vi Gud till en ljugare, och hans ord är icke i oss* (1 Joh. 1:10).

41. Reflektioner över det som sagts

Guds Ande visar sig för oss under oändligt många olika former. Det sätt som Han under bönen leder de själar som överlämnar sig åt Honom är mångfaldigt och varierar i det oändliga. Kanske finns det inte två själar som han leder på ett helt och hållet uniformt sätt. Då skall man inte alls bli förvånad om det finns föga likhet mellan det som man erfar inom sig och det som har sagts om de olika bönestadierna.

Vad man i synnerhet bör lägga märke till, det är de illusioner som man bör undvika och som alltid är så gott som de samma, eftersom alla människor har nästan samma slags lidelser, på vilka frälsningens fiende bygger sitt hopp om att kunna bedra och förföra dem. Det är i andra hand alla de anvisningar som leder till försakelsen av oss själva och till utövningen av de dygder som anbefalles av det heliga Evangeliet, eftersom de är väsentliga för alla kristna och det är dessa som gör oss heliga och behagliga inför Gud.

Man bör noga taga sig till vara för att tro sig mer helig eftersom man mottagit fler gåvor och eftersom man har fått del av det som finns av det mest upphöjda i den passiva bönen.

Man bör göra följande reflexioner:

1. Att även om dessa former av bön vanligen endast ges åt de själar som har dött bort från sig själva och även om den på ett underbart sätt bidrar till heligheten, är det emellertid inte precis det som sker passivt som utgör deras helighet, eftersom det inte ökar deras förtjänst. De blir endast heliga genom de dygder som fö-

regått och genom sitt gensvar på och medverkan i den
överflödande nåd som då har givits dem.

2. Att den Helige Ande genom andra medel, som är helt
   och hållet hemliga, kan upphöja enkla och rena själar
   till en ännu fullkomligare helighet.

3. Att en själ, som utan kontemplation är mer ödmjuk
   och kärleksfull än en djupt kontemplativ själ, är också
   obestridligen heligare och skönare i Guds ögon.

4. Att våra önskningar inte bör inrikta sig på de allra yp-
   persta bönestadierna, utan enbart ha som mål att vi
   skall utföra så fullkomligt som möjligt den bön som
   passar oss bäst.

Detta sista råd gäller framför allt den extraordinära passiva bö-
nen, det vill säga denna bön där Gud umgås med själen på ett
sätt som inte ligger inom nådens vanliga förlopp, ens med av-
seende på de själar som Han bestämt för en ännu större helig-
het. Gud är herre över sina gåvor: Man skall ta emot dem då
Han vill ge oss dem, men Han kräver inte alls, att vi skall
åstunda dessa som det här handlar om, eftersom dessa typer av
gåvor, utan att öka vår helighet, har mer glans än andra, som är
inre och dolda, och eftersom denna glans, om vi fastnar däri av
välbehag, kan bli till ett hinder för vår fullkomning och till och
med för vår frälsning.

42. Ynnestbevis som särskiljer den extraordinära passiva bö-
nen

De extraordinära gåvor med vilka Gud ibland gynnar själarna
under den passiva bönen är inre ord, syner, extaser och hän-
ryckningar, det andliga bröllopet. Vi talar därom kortfattat för
att man inte så lätt skall låta sig bedras av lögnens ande, vilken
oftare smyger sig in under sken av dessa gåvor än under dem
som vi har talat om ovan, eftersom han för den högmodiga sjä-

len kan lägga fram ett lockbete som smickrar henne mer och just därigenom är mer ägnat att förleda henne.

43. Inre ord

Den typ av inre ord som vi skall behandla nu skiljer sig helt och hållet från de inspirationer och de goda impulser, genom vilka det behagar Gud att för oss i vårt inre manifestera sin nådiga vilja och genom vilka Han leder oss till verk av en större fullkomlighet. Det finns ingen själ som inte Gud talar till mer eller mindre på det här sättet, och våra framsteg i dygden beror på vår trohet att i praktiken omsätta det som Han vill av oss.

Med *inre ord* förstår vi ett nådebevis som inte tillnärmelsevis är så allmänt. Det är verkligt distinkta ord, som själen hör uttalas inom sig själv, antingen för att trösta henne eller för att stärka henne och egga henne till dygden eller för att för henne uppenbara någonting som hon är okunnig om eller för något annat nyttigt ändamål som för henne närmare Gud.

Denna ynnest är inte utan faror, eftersom den onde anden kan imitera något liknande och därigenom bedra dem som inte är tillräckligt på sin vakt eller inte tillräckligt undervisade om hans finter. Det kan också hända - och detta är den vanligaste illusionen - att man tar ord eller resonemang som har sitt ursprung i vår fantasi för inre ord som kommer från Gud, men det är en så stor skillnad mellan de inre ord som har Gud som upphovsman och de som frambringats av demonen eller av vår fantasi, att de själar som är vana vid att höra de förra inte lätt tar miste däri.

De distinkta kännetecknen på de ord som kommer från Gud är *verkningsfullheten* och *tydligheten* som åtföljer dem, det *plötsliga* sätt på vilket de inställer sig för själen, den *himmelska frid* som de låter henne smaka och det *levande och varaktiga intryck* som de gör på henne.

Då Gud låter själen höra något av sina ord känner hon att det är en mästare som i henne verkar det som Han vill. Om än hon är hemsökt av de allra livaktigaste orostankar, om än hon är försänkt i den bittraste sorg, upplöses all fruktan, alla sorger genast då Gud säger: *Det är jag, frukta intet* (Matt. 14:27). Det mest fullkomliga lugn följer då på den allra våldsammaste storm. Om Herren säger till henne att avlägga vissa ofullkomligheter och hänge sig åt vissa frågor av en sublim helighet, ser hon sig, även om hon kanske länge förgäves kämpat för att förvärva dessa dygder eller för att övervinna dessa brister, med ens befriad från de ena och smyckad med de andra. Det är precis så som när Petrus, efter att förgäves ha arbetat hela natten, plötsligt ser sina nät fulla av fiskar vid vår Herres ord (Joh. 21:3-6). Man blir inte alls förlägen, inte heller hyser man något som helst tvivel på det som Gud har sagt. Det behövs inte heller en speciell uppmärksamhet för att höra Honom: Hans ord uttalas så tydligt och så distinkt, att det inte är möjligt att något av dem undgår själen. Även då själen är sysselsatt med en helt annan sak, då hon vill förströ sig, är det omöjligt för henna att tappa bort något därav. Dessa ord bildas vanligen i henne, när hon minst väntar sig det, men vare sig de nu åtföljs av ljuvlighet eller av stränghet, tränger de ända ned i själens djup och lämnar henne helt och hållet uppfylld av Gud med den mest brinnande längtan att behaga Honom och med de allra lägsta tankar om sig själv. Slutligen förblir de så starkt inpräntade, att de inte suddas ut på lång tid och ibland aldrig, i synnerhet om de tillkännager någon framtida händelse. Man bevarar ständigt minnet därav med en ljuv förtröstan om att en dag få se det som förutsagts oss, något som inte kan annat än hända, eftersom dessa ord kommer från Gud.

De ord som demonen formar kan visst ha några av de drag som vi just har beskrivit, men aldrig alla. De kan visst vara *tydliga* och *plötsliga,* men de är aldrig *verkningsfulla* för det goda; aldrig frambringar de *lugn, frid* eller *ödmjukhet.* Vad gäller dem som fantasin alstrar så formas de successivt, de är tvivelaktiga och osäkra och åstadkommer bara svaga och tillfälliga verkningar.

De som vill handla med klokhet i de ting som rör Gud, låter sig inte lätt övertygas om att de har förunnats inre ord. Det är alltid bättre att först göra motstånd. Om det är ett konstgrepp av demonen, kommer detta motstånd att jaga honom på flykten; om det är en illusion alstrad av fantasin, kommer den att upplösas eller åtminstone att oskadliggöras; om det är Guds Ande som verkar i oss, bidrar detta motstånd enbart till att förstärka Hans verkande. När dessa ord angriper tron eller någon maxim om fullkomligheten, råder det inget som helst tvivel om att orden inte kommer från en god källa och man skall avvisa dem med fasa.

Dock, även när man genom de kännetecken vi har beskrivit är förvissad om att de kommer från Gud, bör man inte följa dem, inte heller förlita sig på dem utan att ha fått del av dennes åsikt som är Guds ställföreträdare för oss, åtminstone inte om det som de leder oss till inte helt uppenbart är gott och inte något utöver det vanliga. För övrigt är det helt nödvändigt vad beträffar dessa ynnestbevis och alla andra sådana som är extraordinära att de som får del av dem redogör för dem för Herrens tjänare med ett barns enkelhet.

44. Visioner

Visioner är antingen korporala, imaginära eller intellektuella.

De *korporala visionerna* är de i vilka demonen oftast blandar in sina illusioner, eftersom dessa är de grövsta och eftersom de är lättare för honom att förfalska och påtvinga våra yttre sinnen till följd av den makt som hans andliga naturs överlägsenhet ger honom över dem och de yttre tingen. Det är därför som det är klokt att alltid misstro dessa slag av visioner och att inte alls ge sitt medgivande till dem, så till vida som det kommer an på oss. Om de kommer från Gud, står det inte alls i vår makt att försvara oss mot dem, och de gör sig kända genom de hälsosamma verkningar de frambringar i oss.

De *imaginära visionerna* benämns så antingen eftersom de formas i föreställningsförmågan[103], (även om denna förmögenhet inte bidrar någonting alls till deras formerande, förutom kanske någon enstaka gång genom att tillhandahålla själva formerna[104], av vilka de bilder som visas oss bildas) eller endast eftersom de, under sinnliga former, förevisas för de inre sinnena, vilka faller under föreställningsförmågans domvärjo, vare sig visionen inträffar inuti denna förmögenhet eller också denna förmögenhet stärks och lyfts upp övernaturligt för att utanför sig själv se de föremål som Gud vill visa den.

Då föremålet för visionen utgörs av vanliga former (som exempelvis den duk full med djur som visades för S:t Petrus) är det klart, att vår föreställningsförmåga kan tillhandahålla dessa slag av former, även om den kanske inte av sig själv skulle kunna skapa sig en bild så fullkomlig som den som visionen framställer.

Då föremålet för visionen är sådant, att det inte har någon motsvarighet eller likhet med det som naturligen förekommer i vår föreställningsförmåga och då visionen emellertid äger rum inuti oss (som exempelvis om vår Herre skulle visa sig för oss i vårt inre med en härlighet och en skönhet som överträffar allt som vi naturligen kan föreställa oss), torde det stå helt klart, att i detta fall vår föreställningsförmåga inte skulle kunna tillhandahålla de nödvändiga formerna för en sådan vision.

Slutligen, om vår själ på något sätt går utanför sig själv för att se de föremål och de bilder som Gud vill visa den (som exem-

---

[103] "Imaginatio" är inom den klassiska fakultetspsykologien terminus technicus för föreställningsförmågan.

[104] Fr. espèces = former, gestalter.

pelvis de heligas samfund och den glans som deras kroppar omges med), då är denna vision också imaginär, även om den inte äger rum i själen och den imaginativa själsfakulteten inte kan tillhandahålla formerna därtill.

Av dessa tre slags imaginära visioner kan den första lättare bli föremål för illusioner, eftersom demonen kan påverka fantasin genom att skapa bilder av former som han finner där eller som han själv kan lägga dit. Men det verkar inte så enkelt för honom att kunna blanda sig i de två andra slagen av visioner; saken är rentav helt omöjlig för honom, om visionerna åtföljs av helt och hållet övernaturliga och gudomliga omständigheter, såsom vanligen är fallet då dessa visioner kommer från Gud.

Den *intellektuella* visionen äger rum i förståndet eller intellektet[105] utan sinnenas inblandning och utan någon sinnlig bild. Men eftersom demonen inte kan influera den rena anden på så sätt, följer därav att denna typ av vision är helt och hållet skyddad från hans illusioner. Det är nu fråga om en tydlig, direkt erfaren kunskap, som Gud inpräntar i själens djup, om en sak som Han vill avslöja för henne, vare sig det rör sig om en trossanning som Han ger själen insikt i och som Han låter henne se på ett rent andligt sätt, men tydligare än då man ser förnimbara föremål med kroppens ögon, eller kan det röra sig om en övernaturlig ynnest som Han vill förära henne, såsom att ha nära sig eller i sitt hjärta vår Herres heliga mänskliga natur. Då ser själen med intellektet och på ett sätt så att hon inte kan betvivla, att hon så är i vår Herres sällskap, och denna syn verkar stor helighet i henne.

Denna typ av vision föregår vanligen de imaginära, och det är inte ovanligt att Gud gynnar de själar som han upphöjer till ett högt kontemplativt stadium med den, även om Han inte leder dem på en väg av andra extraordinära gåvor. De andra visioner-

---

[105] Fr. intelligence = förnuft, intellekt

na är alltid mycket korta; det är som en blixt som slår till kraftigt och plötsligt, men som försvinner genast, även om den lämnar efter sig i själen de allra livligaste intryck, medan denna här ofta varar under en högst avsevärd tid, ibland till och med i åratal. De andra visionerna, då de är sublima, föregås av extaser eller också ger de upphov till dem, medan denna ger själen frihet att nyttja sina förmögenheter och handla på ett mycket fullkomligt sätt till och med till det yttre.

Hur det nu än förhåller sig med detta, är det likväl aldrig tillåtet att eftertrakta visioner:

1. eftersom detta antingen är en brist på ödmjukhet eller en brist på tro

2. eftersom detta är ett bevis på att man är på villoväg eller löper risk att komma in därpå

3. eftersom det vore dumdristigt och förmätet att själv vilja välja för sig den väg på vilken man bör färdas till Gud

4. eftersom det inte är genom att få del av dessa slag av ynnestbevis som man blir mer behaglig för Gud och som man gör sig förtjänt av en större härlighet.

45. Extaser och hänryckningar[106]

Extaserna och hänryckningarna är ynnestbevis som sinsemellan har många likheter, då sinnenas bruk där upphävs och kroppen där befinner sig liksom i ett tillstånd av död. Det finns emellertid en skillnad mellan dem i sättet som de åstadkommes.

Under *extasen* erfar själen liksom en speciell art av svaghet, orsakad av det överskott av välbefinnande som den Älskades när-

---

[106] Fr. ravissements

varo får henne att känna eller av den beundran som hon fylls av inför den skönhet Han avslöjar för henne. Sedan själen då helt och hållet har dragit sig tillbaka i det inre av sig själv för att hänge sig åt umgänget med den gudomlige Brudgummen, som drar henne till Sig, har hon inte längre tillräckligt med styrka för att kunna väcka sinnena till liv: Ögonen ser inte längre något, fötter och händer är utan kraft.

Vid *hänryckningen* inträffar samma sak, men mer plötsligt. Herren visar där det absoluta herravälde som Han har över själen. Då själen minst anar det, känner hon sig plötsligt hänryckt, förflyttad ovanför sig själv, som om hon skildes från kroppen och utan att hon vet vad som skall bli av henne. Ibland lyfter samma Herrens handlande kroppen upp från marken och håller den svävande i luften, innan ens den kunnat göra något som helst motstånd mot detta.

Vid det ena som det andra av dessa ynnestbevis mottar själen alltid stora kunskaper. Om inget underbart eller gudomligt då visas för henne, om det inte åstadkommes i henne något verk av en hög helighet, är dessa ynnestbevis ytterst misstänkta. Man har då anledning att frukta, att det antingen har rört sig om rent naturlig svaghet eller om den ondes farliga bländverk. I det första fallet bör man, åtminstone för en tid, låta själen dra sig undan från en bön som den missbrukar och ge åt kroppen den näring som den behöver. I det andra fallet bör man genom stora förödmjukelser och utövandet av botgöring slå högmodets och fåfängans ande på flykten. Då extaserna och hänryckningarna kommer från Gud, får själen där en så stark insikt om sin intighet att hon får svårt att uthärda sig själv. Alla njutningar, all ära på jorden skulle inte kunna skänka henne förnöjsamhet; hon vill nu leva glömd och okänd för att inte längre hänge sig åt något annat än Gud; de minsta förseelser som hon ser begås mot Gud, genomborrar henne med den livligaste smärta; hennes kärlek till Jesus Kristus och den önskan hon när att äga Honom gör livet smäktande och lämnar henne inte någon ro. Så

gudomliga verkningar visar helt klart, att dessa ynnestbevis har
Gud som upphovsman.

46. Om det andliga äktenskapet

Då själen har renats av det stora antal prövningar som hon har
genomgått, då hon inte längre har något liv annat än för Jesus
Kristus, fråntas hon ofta alla de ynnestbevis som vi nyss har be-
skrivit, eller snarare förvandlas de till andra ynnestbevis, mer
fördolda, men värdefullare och ypperligare. Hon leds på en väg
som är mer lösgjord från sinnena och mer andlig. Det är sam-
ma tillstånd, som det som omtalades beträffande det sista böne-
stadiet,[107] både eftersom detta stadium är mycket mer stabilt än
de andra och eftersom själen där alltid på ett helt outsägligt sätt
finner Gud i djupet av sig själv. Detta tillstånd kallas av detta
skäl det andliga äktenskapet.

I detta extraordinära tillstånd leds själen in genom en intellek-
tuell vision av de tre Personerna i den Heliga Treenigheten, och
det som tron lär oss om detta stora mysterium avslöjas nu för
hennes ande på ett mycket tydligt sätt, men inte intuitivt som i
himlen. Från detta ögonblick åtnjuter hon de tre gudomliga
Personernas sällskap varje gång hon återvänder in i sig själv,
dock inte genom ett intellektuellt skådande av dem, förutom
då det behagar Herren att på nytt gynna henne med detta yn-
nestbevis. Hennes inre tillstånd är vanligen ett tillstånd av ljus
och av frid, i vilket stora hemligheter uppenbaras för henne och
det som mest kan bidra till hennes och andras framåtskridande
i fullkomligheten.

Ibland, i det att vår Herre uppenbarar sig för själen helt strålan-
de av härlighet i en imaginär vision, ehuru en ytterst sublim så-
dan, smyckar Han henne med den ärorika titeln av sin Brud
och förenar sig, medelst mystiska symboler, underpanter på

---

[107] Se kapitel 40.

Hans särskilda kärlek, med henne genom oupplösliga band, lämnar i hennes händer Sina intressen och åtar sig själv hennes. Själen lever nu inte längre för sig själv utan det är Jesu Kristi Ande som leder henne och som lever i henne. Jesus Kristus förmedlar sina känslor till henne, och för att göra henne mer lik Sig till det yttre låter Han henne få del av Sina smärtor och lidanden. Hennes liv, såväl det inre som det yttre, är på det allra mest innerliga sätt förenat med hennes gudomlige Mästares. Efter Hans exempel ägnar hon sig uteslutande åt att göra sin himmelske Faders vilja; detta är hennes näring och det som håller henne uppe i hennes exil, som utan detta skulle vara outhärdlig för henne. Hennes enda fruktan vore att avlägsna sig därifrån i den minsta sak; och denna fruktan gör henne mer vaksam än någonsin och mer samvetsgrann i att inte göra något medgivande åt sin egenkärlek, som hon vet med sig inte vara helt och hållet död, och att åt Gud göra alla de offer som kan behaga Honom och som Hans kärlek kan kräva. Det vore omöjligt att beskriva hur många nådebevis Gud vedergäller denna trohet med.

Texter från Skriften som har samband med bönen eller som man kan tillämpa på denna heliga övning

"Gud är Ande, och de som tillber honom, måste tillbe i ande och sanning." (Joh. 4:24)

"När ni ber, gå in i er kammare, stäng igen dörren därtill, och bed i det fördolda till er Fader; då skall er Fader, som ser i det fördolda, vedergälla er därför." (Matt. 6:6)

"Mitt hjärta upphettades i det inre av mig; och denna eld flammade upp än mer genom meditationen" (Ps 38:4)

"Din lag är föremålet för min meditation." (Ps 118:97)

"Jag har beflitat mig om att alltid ha Herren tillstädes inför min ande." (Ps. 15:8)

"Såsom en tjänarinna vars ögon är fästa på hennes frus hand, så håller vi våra ögon fästa på Herren i väntan på att Hans barmhärtighets verkningar skall komma oss till del." (Ps. 122:2)

"Konungen har fört mig in i sina vinkällare. Vi fröjdar oss, vi skälver av jubel vid minnet av dina bröst, som för oss är bättre än det yppersta vin." (Höga V. 1:3)

"Den som älskar mig, han skall bli älskad av min Fader, och jag skall älska honom och skall uppenbara mig själv för honom... Vi skall komma till honom och ta vår boning hos honom." (Joh. 14:21, 23)

"Den som håller sig till Herren, han är en ande med honom." (1 Kor. 6:17)

"Vårt liv är fördolt med Kristus i Gud." (Kol. 3:3)

"Nu lever icke mer jag, utan det är Jesus Kristus som lever i mig." (Gal: 2:20)

LAUDETUR JESUS CHRISTUS